CONSEILS

A LA

JEUNE FERMIÈRE

PAR

P. JOIGNEAUX

NOUVELLE ÉDITION

Avec figures dans le texte

PARIS

G. MASSON, ÉDITEUR

LIBRAIRE DE L'ACADÉMIE DE MÉDECINE

120, Boulevard Saint-Germain, en face de l'École de Médecine

CONSEILS

A LA

JEUNE FERMIÈRE

J. Rouyer

CONSEILS

A LA

JEUNE FERMIÈRE

PAR

P. JOIGNEAUX

NOUVELLE ÉDITION

Avec figures dans le texte

PARIS

G. MASSON, ÉDITEUR

LIBRAIRE DE L'ACADÉMIE DE MÉDECINE

120, Boulevard Saint-Germain, en face de l'École de Médecine

1882

CONSEILS

A

LA JEUNE FERMIÈRE

PRÉAMBULE

Pour nos garçons, il y a des écoles d'agriculture, et aussi des maîtres qui vont au canton, à la commune, jusque chez eux, leur enseigner les choses utiles. Pour toi, fille du cultivateur, il n'y a ni écoles ni maîtres, comme il en faudrait. On dit proverbialement que les femmes font ou défont les maisons ; mais on n'enseigne pas à nos filles ce qu'elles devraient savoir pour les faire toujours et ne les défaire jamais : on ne leur apprend rien de ce qui passionne pour la vie des champs ; au contraire, dans les pensionnats des villes, on leur apprend à rougir de cette vie-là. Le jargon de salon se moque de notre patois ; la peau blanche, de notre peau brunie ; la bougie, de notre soleil ; le piano, de notre rossignol ; la toile peinte, de nos vrais paysages ; la fleur artificielle, de nos fleurs qui vivent : en un mot, les gens de cage se moquent des gens du grand air.

On s'efforce de souder le jeune homme au sol ; on s'efforce d'en détacher la jeune fille ; ce que l'on élève d'une main, on le détruit de l'autre. On veut des cultivateurs qui pensent et raisonnent ; on ne sait pas leur créer des compagnes dignes d'eux et capables de les seconder. Voilà la grosse plaie de l'époque.

Si nous envoyons nos filles à l'école du village, elles en reviennent sachant un peu lire, écrire, compter, coudre et marquer. C'est quelque chose, j'en conviens, mais il n'y a point là l'étoffe d'une ménagère accomplie. Si nous les envoyons à la ville, c'est bien pis. Nous donnons une paysanne, on nous rend une demoiselle ; nous donnons une travailleuse, on nous rend une coquette qui ne rêve plus que parure, maître de danse, maître de musique et mari bourgeois. Nous voulions une fermière modeste et intelligente, on nous rend une jeune fille présomptueuse et ennemie de la ferme.

Si les cultivateurs instruits ne se soucient guère des filles élevées au village, en retour les filles élevées à la ville ne se soucient pas davantage des cultivateurs.

Nous voudrions, pour nos filles, des écoles spéciales. Quand les aurons-nous ? Nous voudrions des écoles de ménagères comme pendants aux écoles d'agriculture. Hors de là, pas de progrès rapides, mais la lutte au cœur de la ferme, des tiraillements à n'en pas finir. Tendance à avancer d'une part, tendance à reculer de l'autre.

Vous voulez que le cultivateur sache distinguer ses terrains, raisonner ses labours, apprécier la valeur de ses engrais, le mérite de ses outils ; vous voulez qu'il se rende compte de la manière de vivre des végétaux : c'est fort bien. A cet effet, vous lui faites enseigner toutes sortes de bonnes notions scientifiques ; c'est toujours fort bien. Mais, pour Dieu, soyez donc conséquents, et faites pour les filles ce que vous faites pour les garçons. Elles ont dans l'exploitation leur large part de besogne et de responsabilité.

La ménagère est chargée de l'entretien de la maison. Enseignez-lui les avantages de l'ordre et de la propreté ; parlez-lui des intérieurs flamands et hollandais, des dalles ou des briques lavées chaque jour, de ces murs blanchis où jamais l'araignée ne fila sa toile, des meubles qui reluisent et de la vaisselle qui ne laisse rien à reprendre.

La ménagère est chargée de la cuisine. Apprenez-lui à tirer le meilleur parti possible des produits de la terre, à varier les mets, à faire mieux sans dépenser plus, à s'assujettir aux heures fixes.

La ménagère achète les étoffes et le linge. Apprenez-lui à distinguer le bon du mauvais ; donnez-lui, en outre, quelques notions sur le dégraissage et le lavage.

La ménagère prend à sa charge, ou tout au moins surveille l'entretien des vaches, des veaux et des porcs. Apprenez-lui donc tout ce qui a rapport aux étables et aux soins à donner aux bêtes ; elle doit savoir distinguer les races laitières de celles qui ne le sont pas, les races d'engraissement de celles qni ont de la peine à engraisser. Elle doit connaître la valeur nutritive des aliments et le poids des rations.

La ménagère s'occupe de la laiterie ; mais elle ne connaît bien ni le lait, ni la crème, ni le beurre, et, faute de les bien connaître, elle gâte ou perd parfois une partie des produits. Enseignez-lui donc la manière de tenir une laiterie comme il faut, d'empêcher le lait de tourner, de le refroidir vite au besoin, d'obtenir une levée de crème complète, de prévenir la rancidité de cette crème, de fabriquer du beurre promptement et à coup sûr, hiver comme été, de conserver le beurre frais pendant les fortes chaleurs, de le saler et de le fondre convenablement. Enseignez-lui l'art de fabriquer d'excellents fromages ; parlez-lui des fruitières de la Suisse, du Jura et des Vosges, des fromageries anglaises, de celles de l'arrondissement d'Avesnes, de Roquefort, de la Normandie, du pays de Herve et de tant d'autres qui ne me reviennent pas à la mémoire. Indiquez-lui les procédés usités dans chaque pays.

La ménagère est chargée de soigner les volailles. Apprenez-lui à faire un choix parmi les meilleures races et à les

élever convenablement. Il y a des moyens pour favoriser la
ponte ; il y a des moyens pour favoriser l'engraissement ;
elle doit les connaître et les appliquer.

La ménagère a, dans le ressort de ses attributions, le potager et le parterre : le potager pour les besoins de la cuisine, le parterre pour l'agrément de la ferme. Apprenez-lui
à faire un choix parmi les légumes, à les cultiver avec goût,
selon les règles de l'art, à tirer bon parti des uns et des autres. Apprenez-lui aussi à cultiver sous les fenêtres de l'habitation et sur les plates-bandes du potager ces fleurs robustes, faciles et charmantes qui réjouissent l'œil et font
du bien à l'âme. Le parterre est un objet de distraction ;
l'amour des fleurs est une demi-vertu.

La ménagère est chargée de faire, en temps opportun,
ces provisions de toutes sortes, ces conserves appétissantes
que nous sommes si heureux de trouver en hiver. Enseignez-
lui donc les procédés de conservation ; dites-lui que les légumes verts, par exemple, ne finissent pas avec leur saison.

Quand viennent les longues nuits, la ménagère doit se
créer des occupations pour la veillée. Entretenez-la de ces
travaux d'hiver.

Aux jours de chômage, aux heures de loisir, la ménagère doit exercer son intelligence et acquérir des connaissances utiles. Faites pour elle de bons livres, de ces livres
honnêtes qui ornent l'esprit, meublent la tête et ne faus-
sent point le jugement. Les sujets abondent. Voulez-vous
de l'histoire ? vous découvrirez de belles pages dans le passé
des travailleurs, de belles figures, de beaux exemples à
suivre. Voulez-vous de la poésie ? regardez ces prairies, ces
forêts, ces fleurs, ces ruisseaux, ces moissons, ces troupeaux ; écoutez l'insecte dans l'herbe et l'oiseau dans la
haie ; vous avez là, au-dessus de vous et autour de vous,
les magnificences de la création ; inspirez-vous et chantez.
Voulez-vous de la science ? le champ des observations s'é-

tend à perte de vue ; tous les laboraroires sont ouverts, et
Dieu fonctionne dans l'immensité ; admirez-le dans son
œuvre, cherchez le mot de ses énigmes, puis parlez à nos
jeunes filles de l'atmosphère qui nous enveloppe, de l'air,
de la terre, de l'eau, des phénomènes de la météorologie,
des animaux et des plantes, de tout ce qui constitue notre
monde. Sans sortir de la ferme, vous trouverez de quoi
exercer le géologue, le physicien, le chimiste, le physiolo-
giste, le botaniste, etc. Nous vivons dans le nid de la
science et ne soupçonnons ni l'honneur ni le bonheur d'être
en aussi bonne compagnie. Voulez-vous du roman ? les caractères fourmillent, les types varient à l'infini ; nous avons
le beau et le laid sous la main ; taillez votre plume, char-
pentez vos canevas, et écrivez pour nos ménagères de ces
livres qui grandissent l'âme, épurent les sentiments et ne
troublent point la conscience. Exaltez ce qui doit être
exalté, abaissez ce qui doit être abaissé. Voilà le roman
que nous demandons pour nos femmes et nos filles ; gardez
pour vous celui qui remue la boue et empoisonne. Nous
voulons, nous, quelque chose de frais et d'embaumé
comme le grand air d'une matinée de printemps.

Maintenant, la main sur la conscience, reconnaissez que
nos observations sont justes, nos critiques fondées, nos
désirs légitimes, et qu'il y a beaucoup à faire pour l'éducation de nos filles de la campagne, non ici plutôt que là,
mais sur tous les coins de la terre. Or, en attendant que
l'on fasse quelque chose, vous nous permettrez de donner
à la jeune fermière certains petits conseils d'ami. Si vous
les trouvez bons, vous les lirez le soir en famille ; si vous
les trouvez mauvais, vous n'en soufflerez mot, et les cache-
rez au fond de quelque tiroir, derrière les vieux almanachs
qu'on ne lit plus.

L'INTÉRIEUR DE LA MAISON

Fille du village, ne rêve point la vie des villes, ne déserte pas la ferme, ne te laisse pas tromper par les apparences. Ne va pas où l'on étouffe, reste où l'on respire. Dieu t'a donné des joies pures, de douces espérances, des besoins modestes ; ne les échange pas contre les joies factices, les espérances désordonnées et les besoins insatiables. La ville, sache-le bien, est une sorte de serre où l'air chaud remplace le soleil, où l'existence est trop rapide pour être bonne, où les parfums s'affaiblissent et où les meilleurs fruits perdent de leur saveur. On s'y étiole, on y vit de la fièvre, non de la santé. Sois donc, jeune fille, la fleur de pleine terre, éclatante et robuste, poussant dans sa saison, à ciel découvert et à l'air libre. Vis doucement, modestement et heureusement.

Les rudes travaux n'ont pas été créés pour toi ; ils exigent trop de force, et la force a été donnée à l'homme. C'est donc à lui de les exécuter et d'y suer toute l'eau de son corps, en attendant venir les machines. Tu te borneras à soigner l'intérieur de la ferme, la basse-cour et le potager ; ton domaine est là, non ailleurs, à moins cependant que le temps ne presse, et qu'il ne faille, coûte que coûte, râteler aux prés et javeler aux champs. Quand le navire menace de sombrer, tout le monde court à la manœuvre, équipage et passagers ; quand aussi la récolte est en danger, il faut que tout le monde de la ferme soit debout. Alors, nécessité fait loi ; mais si l'exception confirme la règle, elle ne la crée pas.

Il y a de la besogne au logis, et, autour de ce logis, tout un petit monde à gouverner. De l'aube à la nuit, fille des champs, tes heures sont prises ; monte ton horloge, aie l'œil ouvert sur le cadran, règle bien tes occupations et exécute chaque chose au moment marqué. L'ordre dans le travail, c'est le succès; la confusion, c'est la fatigue qui n'aboutit à rien.

Aussitôt le déjeuner pris et les hommes aux champs, tu donneras aux bêtes de la ferme les rations convenues et préparées la veille, puis tu t'occuperas de l'intérieur du logis. Propreté n'est pas luxe; tu veilleras donc à ce que les dalles, les carreaux ou les parquets soient balayés plusieurs fois par jour et lavés plusieurs fois par semaine; à ce que le fer, la fonte et le cuivre reluisent, et les meubles aussi; à ce que la vaisselle de terre ou de faïence fasse miroir sur l'étagère. Tu ne permettras pas à l'araignée de filer en paix sa toile aux angles des poutres et des murs; tu ne laisseras point la graisse des lampes égoutter et rancir sur le manteau de la cheminée.

Après les conseils, les moyens : tu feras reluire le cuivre et le fer en les frottant avec une poignée d'oseille ou de mouron des oiseaux (*stellaire moyenne*), ou bien encore, si ces herbes venaient à manquer, avec du sable fin ou de l'argile. En fin de compte, note la chose en passant, pas un centime à débourser. Tu feras reluire l'argent, quand même il serait noirci par des œufs, avec de l'oseille toujours et avec de l'eau de savon; tu feras reluire tes chenets et ton poêle, c'est-à-dire la fonte, en les frottant avec un oignon cru d'abord, puis en étendant de la mine de plomb avec une brosse et en frottant de nouveau avec un vieux morceau de laine. Tu donneras une sorte de vernis à tes meubles, si pauvres qu'ils soient, avec de la cire jaune fondue dans de l'eau de lessive ou de cendres de bois, ce qui est tout un, et tu frotteras vigoureusement.

On te dira peut-être : A quoi bon perdre son temps et sa peine à de pareilles minuties?

Tu laisseras dire et n'en feras qu'à ta tête, ou bien encore tu répondras; C'est ainsi que les choses se pratiquent dans

les Flandres, le Brabant et la Hollande, et ceci de mémoire
de générations : au lieu de s'en trouver mal, les gens paraissent s'en trouver bien.

La propreté, c'est la santé; ne l'oublie pas. C'est aussi,
ne l'oublie pas davantage, l'aimant qui attache la famille à
son intérieur. Quand chaque chose est à sa place et ne
laisse rien à désirer, l'œil s'égaie, le cœur s'épanouit, et l'on
se sent heureux, alors même qu'il y aurait un fond de misère, un revers de médaille sous ce bien-être extérieur. Les
heures passent toujours vite quand l'esprit et le cœur ont
leurs aises; les jolis tableaux raccourcissent les longues dis-
tances, les intérieurs gracieux retiennent les gens au logis.

La toilette de la ferme est une marque qui ne trompe
point; lorsqu'elle ne prouve pas l'aisance, elle prouve au
moins l'intention d'y arriver. La malpropreté dans la ferme,
c'est un signe de désordre, de dégoût et de décadence.

La propreté, c'est aussi la sûreté. Tu ne laisseras pas de
suie s'amasser dans ta cheminée, une étincelle pourrait y
mettre le feu, crever les parois, courir aux charpentes,
voler aux toits de chaume et tout détruire. J'en sais qui
s'en moquent et allument la suie, pour sauver les frais de
ramonage. Ne les imite point; la suie paye toujours le
ramoneur et au delà; c'est un engrais qui, dans bien des
cas, n'a pas son pareil.

Puisque je viens de prononcer le mot engrais, tu sauras
que la suie n'est pas le seul engrais qu'on puisse recueillir
dans la maison; il y en a d'autres encore, et des meilleurs,
que tu ne perdras pas. Tu en auras besoin pour tes légumes, tes fleurs, d'autant plus besoin qu'il n'y a guère à
compter pour toi sur le fumier de la ferme. Les hommes
en sont avares et n'entendent pas qu'on s'en serve au potager. Tu les payeras de retour, en attendant qu'ils deviennent plus raisonnables. Tu mettras de côté la suie d'abord,
les balayures du logis, les boues relevées au seuil de la

porte, les cendres ou partie des cendres de tes lessives, les chiffons de laine, les grosses plumes de volaille, les coquilles d'œuf, toutes choses qui reviennent de droit et sans conteste à la fermière ; tu en feras un tas dans quelque coin, ou mieux sous un hangar, si c'est possible, pour que l'eau des pluies ne le mouille point, et puis, de temps en temps, tu arroseras ce tas en question avec les eaux d'évier qu'on laisse ordinairement courir dans la rue, avec les eaux de recurage et les eaux des savonnages. Tu pourras même y ajouter du purin de fumier sans que les hommes y trouvent à redire, car les dix-neuf vingtièmes au moins n'en connaissent pas le prix. Avec ce qu'ils perdent en purin, dans nos villages, il y aurait, sans mentir, de quoi entretenir les plus riches potagers du monde. Tu essayeras donc de la recette et tu te passeras ainsi du fumier, que l'on ne te donnera jamais de bonne grâce.

Tu vois que, sans dépasser le seuil de la maison, pour ainsi dire, une ménagère entendue saura, jour par jour, semaine par semaine, ramasser à temps perdu une importante quantité d'engrais, aujourd'hui gaspillé ou perdu, et faire avec cet engrais assez de légumes pour les besoins de la cuisine et assez de jolies fleurs pour l'ornement de la ferme.

LES REPAS.

Pas d'avoine, pas de cheval, dit le proverbe. Nous pouvons ajouter : Pas de forte nourriture, pas d'homme. Ne l'oublie point. Le travail use les forces, la nourriture aide à les rétablir. Il y a des gens qui vivent de peu et que l'on dit sobres. C'est que ceux-là ne se fatiguent guère ou ne mangent pas à leur appétit, de deux choses l'une ; c'est qu'ils sont paresseux des bras, ou malheureux à faire pitié ! Rappelle-toi qu'il n'y a pas de mérite à ne guère manger quand l'estomac ne demande rien, et qu'il n'y en a pas non plus à s'imposer des privations quand on peut faire autrement. Tu nourriras bien les gens de la maison, et ils travailleront bien ; il te sera rendu en proportion de ce que tu auras donné. Regarde autour de toi, rassemble tes souvenirs, questionne les anciens, et tu sauras que les bons serviteurs ne prennent point racine où il y a mauvaise table, et qu'à rogner les vivres, on coupe les bras.

Les économies que l'on réalise aux dépens du corps ne profitent ni ne durent. Tu dépenseras moins d'un côté, tu gagneras moins de l'autre. Petit filet d'eau, petite mouture, ou bien encore, les économies ainsi faites iront quelque jour dans la poche du médecin et du droguiste. Ne pâtis ni ne fais pâtir les autres : voilà la bonne voie ; prends-la et n'en sors pas.

Arrange-toi de façon que les repas ne se fassent jamais attendre. L'homme qui revient des champs en rapporte beaucoup d'appétit et peu de patience.

Sous prétexte que l'appétit est le meilleur assaisonnement, et qu'avec lui tout passe, il y a des ménagères qui ne se lassent point de ramener la même soupe et le même plat, des mois et des années durant. On en vit ; mais, comme on vivrait mieux, sans dépenser plus, en variant les mets, tu varieras le service de la ferme.

Tu auras sous la main de quoi faire une cuisine convenable. Le jardin te donne légumes et plantes condimentaires ; le porc te donne son lard et sa graisse ; la vache son lait et partant crème, beurre et fromage ; la poule ses œufs ; l'arbre ses fruits. J'en sais qui se contenteraient à moins. Pourtant, ce n'est pas tout : tu peux ajouter à ces ressources la viande de boucherie et l'obtenir à meilleur compte que la ménagère des villes. Il n'en coûte pas plus de manger du veau, du mouton, du bœuf ou de la vache que de manger du porc et même des légumes. Pourquoi se refuser ces viandes ou ne les servir qu'aux jours de grandes fêtes, en réunion de parents et d'amis ? C'est parce que ces viandes ne se conservent pas, à moins qu'on ne les sale, et qu'un ménage tout seul ne viendrait pas à bout de consommer une bête entière. Il n'y a point d'autre raison. Eh bien, ma fille, rien ne t'empêche de lever l'obstacle. Au lieu de vous déchirer au village, de vous jalouser, de caqueter, de médire, de vivre, en un mot, comme chiens et chats, à coups de dents et de griffes, vivez en camarades, aimez-vous, aidez-vous et entendez-vous. Ce qu'un seul ménage ne saurait faire, dix ou douze ménages le feront aisément. Ils se partageront la bête de boucherie et n'en seront pas embarrassés.

Faute de vouloir ou de savoir s'entendre, vous en êtes réduits, toi et les autres, à ne manger que de la viande salée et fumée. Ce n'est pas absolument mauvais, mais ce n'est pas non plus de bonne qualité, et, au dire de ceux qui s'y connaissent, la viande fraîche convient mieux sous tous les rapports. Tu en parleras à tes voisines, qui en reparleront de leur côté, et, dès qu'il y aura de l'entente, les affaires iront bien.

A présent, tu vas me soumettre une petite observation. Je l'ai devinée et t'attends. Tu vas me dire : Les provisions ne manquent pas, mais il nous manque quelque chose à nous autres pauvres filles des champs, c'est la bonne manière de s'en servir. Nous sommes chargées de préparer les repas, et nous n'entendons rien aux ressources de la cuisine. Avec d'excellentes herbes et d'excellente viande, il nous arrive de faire du mauvais et de dépenser deux fois plus qu'une personne entendue. Ce n'est pas notre faute.

Je te répondrai : C'est la pure vérité; il y a de grandes lacunes dans l'éducation de nos filles de cultivateurs; on leur apprend beaucoup de choses inutiles, et on leur laisse ignorer le nécessaire. Mais, à force de le dire, de le redire, de le crier par-dessus les toits, on finira par nous écouter et par remanier le vieux système. Le temps que l'on prend à nos filles pour leur apprendre à faire des révérences, des fonds de bonnet en broderies et toutes sortes d'autres petits talents qui ne sont pas indispensables, on le dépensera en connaissances plus solides. L'enseignement sérieux aura tôt ou tard le pas sur l'enseignement des futilités, et alors l'art de tirer le meilleur parti possible des produits de la ferme ne sera pas oublié. En attendant, il serait à désirer que l'on écrivît dans chaque pays, à l'usage de nos ménagères, un tout petit livre de cuisine économique, simple, clair, à la portée d'un enfant, un livre où l'on s'expliquerait dans la langue de tout le monde. Quand on voudra ce petit livre, on l'aura. Que les sociétés offrent une prime de quelques centaines de francs, et les manuscrits ne manqueront point. Ainsi, question vidée ; n'en parlons plus et passons.

Tant que l'été durera, tant que l'hiver ne sera pas trop avancé, tu n'auras guère de peine à varier tes repas ; il n'y a qu'à choisir et à prendre. Mais il arrive un moment rude à passer, un moment où les caves et les greniers sont vides chez la plupart de nos cultivateurs. Ceci est à prévoir et à prévenir. Tu y songeras.

Dans le courant de l'été et de l'automne, tu feras des conserves pour les jours difficiles. Un peu plus tard je te dirai la manière de les faire ; aujourd'hui je me bornerai à te les indiquer.

Sans compter les réserves de choux verts non pommés, de céleri, poireaux, panais, salsifis, scorsonères et persil, qui resteront au jardin tout le temps de la rude saison, tu auras des poireaux en cave et aussi des panais, car il pourrait arriver que la terre gelée ne permît pas de les prendre au potager en plein hiver.

Bien que l'oseille pousse de bonne heure et, pour ainsi dire, sous la neige, fais ta provision de feuilles en juillet ; elle te rendra des services. Tu conserveras de même en pots des haricots verts, des haricots en grains tendres, du pourpier pour les soupes vertes ; tu auras des pois verts en bouteilles, des betteraves confites au vinaigre, etc. Pour nos campagnes, c'est presque du luxe, soit ; mais quand il s'agit d'un luxe qui ne coûte rien, ne nuit à personne et peut faire plaisir à d'aucuns, pourquoi nous le refuserions-nous à la campagne plutôt qu'à la ville ?

A l'automne, tu enverras à la cave la chicorée commune qui te fournira en hiver cette salade fine et étiolée que nous nommons *barbe de capucin*. Tout à côté, tu enterreras aussi des pieds de betterave et de céleri, et même encore des racines de scorsonère, qui, de très bonne heure, produiront des pousses également propres à préparer de bonnes salades.

Tu auras une forte provision de carottes, placées lit par lit dans la cave ou le cellier, avec du sable fin ou de la terre légère, et recouverte de plaques de gazon. Tu auras au grenier, sur de la paille bien sèche, une bonne provision d'oignons que tu ne remueras jamais en temps de gelée, et aussi des choux rouges et blancs, que tu pendras aux poutres, la tête en bas.

Tu auras en cave une tonne de choucroute qui te rendra de beaux et bons services et ne te demandera ni grands soins ni grandes peines.

Tu conserveras les meilleures courges de ton jardin, moelle végétale des Anglais, giraumon et pâtisson surtout, en lieu sec et chaud, dans la cuisine ou dans le voisinage d'un four. A la cave, ces courges pourriraient ; au grenier, elles gèleraient. En lieu sec et chaud, comme je viens de te le dire, tu les garderas longtemps et t'estimeras quelquefois heureuse de les retrouver hors de saison.

En attendant venir les pommes de terre nouvelles, tu soigneras mieux les anciennes que ne le font nos ménagères. Dès que les germes se gonfleront dans la cave, tu les changeras de place, tu les remueras et les enlèveras même, au besoin, pour les mettre dans une chambre fraîche. De cette façon, tu les empêcheras de pousser, de fermenter, de devenir fades, sucrées et molles, et les garderas bonne plus longtemps que de coutume.

Tu auras enfin tes petites provisions de graines sèches comme pois, haricots et lentilles, et aussi les petites provisions de plantes condimentaires, telles que ail, échalote, thym sec, sarriette sèche, laurier, etc., etc., toutes choses qui n'ont l'air de rien, et qui pourtant ont le mérite de relever la saveur et de donner des qualités à nos aliments.

La ménagère qui ne prévoit rien, ne songe à rien et n s'approvisionne de rien, s'expose à des soucis qui ne finissent pas ; la ménagère prévoyante, qui a sous la main des réserves pour tous les goûts, qui fait, pour ainsi dire, son miel comme l'abeille, son magasin comme la fourmi, n'es jamais en peine quand approche l'heure des repas.

LINGERIE ET ÉTOFFES.

Partout, dans nos campagnes, nous avons notre petit grain de vanité. Les hommes entretiennent plus de bêtes qu'ils ne peuvent en nourrir, achètent plus de terres qu'il ne peuvent en labourer, uniquement pour se donner de l'importance et de la considération ; de leur côté, les femmes, quand il y a du monde au logis, vont à leur armoire plus souvent que de raison, l'ouvrent à deux battants, afin que nous voyions bien qu'elle est pleine à déborder. Les filles imitent les femmes, afin que les jeunes hommes sachent bien qu'il y aura du linge en dot. Mauvais système, mon enfant; ne songe pas à remplir les armoires, parce que le linge en trop est de l'argent qui dort et même de l'argent qui s'use. La toile peut jaunir, et par moment les souris peuvent y mordre. Mieux vaut le nécessaire, tout juste le nécessaire, et recompléter tous les ans.

Pour les draps de lit, les chemises de fatigue et de travail, et les essuie-mains, tu prendras de la toile de chanvre.

Pour le linge fin et délicat, si ta bourse le permet, tu prendras de la toile de lin, qui est plus blanche que l'autre, mais qui, en retour, est moins forte, et par conséquent moins durable.

Chez nous autres, il est d'usage de faire la lessive deux fois par année seulement, et d'aucuns, en attendant, ont la fâcheuse habitude de jeter le linge sale dans des coffres, ou de l'empiler au grenier sur des cordes. C'est le moyen d'amener la pourriture. Tu t'y prendras différemment. Tu commenceras par savonner, laver et faire sécher ; après quoi, tu pourras attendre sans inconvénient l'époque habituelle du grand lessivage. Cette époque venue, tu choisiras de la bonne cendre de bois, bien recuite, de la cendre dans laquelle on n'aura jamais jeté ni os, ni pelures d'oignons, ni tiges de poireaux, ni débris de légumes qui tachent la toile. Tu mettras les draps en dessous, c'est-à-dire au fond du cuvier, puis les chemises, puis le linge fin enveloppé dans une nappe ou une serviette, et enfin sur le tout, le gros linge malpropre de la cuisine. Tu verseras doucement de l'eau froide sur les cendres en question, jusqu'à ce que le linge soit bien humecté et le cuvier à peu près plein. Cela fait, tu ouvriras la bonde ou le robinet du bas pour retirer l'eau ; tu la feras chauffer et la reverseras tiède ou douce sur le cuvier. Après cela, tu soutireras de nouveau cette eau, la chaufferas un peu plus et la reverseras comme précédemment. Enfin, pour finir l'opération, tu chaufferas l'eau jusqu'à l'ébullition. Ce sera l'affaire d'une demi-journée.

Cette première opération terminée, tu enlèveras les cendres qui ne contiennent plus guère de potasse, et les mettras quelque part dans un coin, pour les employer à titre d'engrais. Les cendres enlevées, tu retireras le linge, le savonneras à la fontaine, à la rivière, ou chez toi : tu le rinceras et le feras sécher. Quelquefois, c'est une bonne mé-

thode, quand on peut la suivre, d'étendre ce linge sur
l'herbe aussitôt après le savonnage, et d'avoir soin de l'arroser immédiatement au fur et à mesure qu'il sèche. Au
bout de cinq ou six heures, par un grand soleil, on va le
rincer à l'eau claire, puis le mettre au bleu et le faire sécher de nouveau. Tu sauras que c'est le meilleur moyen
d'avoir du beau linge.

Lorsque ce linge sera sec à point, tu plieras de suite les
draps, pour qu'ils n'aient pas le temps de prendre de mauvais plis. Quant aux cols, chemises, serviettes, mouchoirs,
linge de toilette, tu les repasseras de suite, après les avoir
bien inspectés, pour t'assurer qu'il ne s'y trouve point de
déchirure. Et, ceci fait, tu mettras chaque chose à sa place
dans l'armoire, avec quelques tiges d'aspérule odorante sèche. Les personnes qui n'ont point d'aspérule sous la main
mettent dans la lessive des racines sèches d'iris d'Allemagne, afin d'embaumer quelque peu la toile.

Il va sans dire que le linge de ménage sera toujours marqué et numéroté, soit par les moyens ordinaires, soit avec
de l'encre particulière, dont je vais te donner la composition et l'emploi :

Tu prendras chez le pharmacien un peu de pierre infernale et un peu de gomme arabique, tu mettras deux parties de cette pierre infernale et une partie de cette gomme
dans sept parties d'eau de pluie et tu agiteras bien le tout
pour opérer le mélange. C'est comme si je te disais : Tu
prendras deux grammes de pierre infernale, sept grammes
d'eau, un gramme de gomme arabique, tu remueras bien,
et ton encre sera faite, encre blanche, c'est vrai, mais qui
ne tardera pas à prendre de la couleur. Avant de t'en servir, tu saupoudreras la place à marquer avec de la soude
du commerce ou avec du savon râpé ; tu donneras un coup
de fer sur cette place, afin de rendre du corps au tissu, de
le raffermir, puis tu écriras avec une plume ordinaire et

feras sécher. Les lettres, d'abord imperceptibles, bruniront peu à peu et se fonceront en couleur à chaque lessive.

Quand, en attendant le moment du lessivage, tu voudras pratiquer de petits savonnages partiels à la maison et obtenir une blancheur irréprochable, tu commenceras par savonner le linge, puis tu le mettras dans une cuvette ou un large seau avec de l'eau ordinaire et à peu près un quart de litre d'eau de javelle. Tu laisseras tremper une heure ou deux, puis tu rinceras. Ces savonnages partiels s'appliquent notamment aux bonnets, cols, mouchoirs fins, etc.

Pour le repassage, tu ne te serviras pas de ces mauvais petits fers à poignée dont la propreté et le degré de chaleur sont toujours plus ou moins douteux; tu adopteras les gros fers à platine, avec lesquels on n'a pas l'inconvénient de salir et de brûler le linge.

Après le linge, les étoffes de laine, robes de femmes ou habits d'homme. Tu auras la précaution de ne point laisser longtemps ces étoffes dans l'armoire, en été surtout ; tu les retireras de fois à autres pour les exposer à l'air, et tu les protégeras contre les larves des teignes avec du camphre, de la lavande ou d'autres plantes aromatiques.

Il est bon que toute ménagère sache entretenir en bon état les étoffes de laine, et par conséquent les nettoyer au besoin. Tu le sauras donc.

Les taches les plus communes, chez nous autres, sont celles d'huile ou de graisse, celles de cire, de résine ou de poix, celles de vin, de mûres, de cassis et de cerises, celles de boue noire, celles de fumée ou de jus de poêle, les taches de peinture à l'huile, d'encre et de rouille. Enlever ces taches, mon enfant, n'est pas la mer à boire, et je vais te le prouver. Écoute bien ceci :

Pour les taches huileuses ou graisseuses, tu prépareras de l'essence de savon de la manière suivante : tu prendras, par exemple, 165 grammes de savon blanc ordinaire, que tu couperas en tranches minces, 32 grammes de potasse du commerce, et tu feras fondre le tout dans un demi-litre d'esprit-de-vin à 38 degrés de l'aréomètre de Cartier. Le pharmacien connaît ce nom-là et ces degrés-là ; tu t'adresseras donc à lui. Pour que le tout fonde bien, tu mettras le vase dans de l'eau chaude, ou bien encore tu l'exposeras à un soleil ardent et tu le remueras de temps en temps. La dissolution faite, tu laisseras reposer, tu passeras à travers un linge fin et conserveras la liqueur dans des bouteilles bien bouchées. Quand, ensuite, et par malheur, une tache d'huile ou de graisse tombera sur ta belle robe du dimanche, tu ne pleureras plus toutes les larmes de tes yeux. Il te suffira de verser quelques gouttes d'essence de savon sur cette tache, de frotter avec une petite brosse et de laver ensuite avec un peu d'eau tiède. La graisse s'enlèvera comme avec la main.

Je sais bien encore un moyen qui ne coûte pas autant, mais, pour s'en servir en toute sûreté, il convient d'avoir affaire à des couleurs solides. Ce moyen, le voici : Tu prendras de la terre glaise et de l'eau de pluie ; tu en feras une pâte ou bouillie ; tu étendras cette bouillie sur les taches, tu laisseras sécher, puis tu donneras un bon coup de brosse.

Abondance de bien ne nuit pas : voici un troisième procédé qui te plaira peut-être mieux que les autres. Tu prendras du fiel de bœuf, tu le battras dans de l'eau tiède et en frotteras les taches de graisse ou d'huile avec une brosse. Tu pourras encore te procurer une herbe qu'on appelle *saponaire ;* tu la feras bouillir une heure, et avec le tout, eau et feuilles, tu frotteras les taches au moyen d'une brosse, et feras sécher dans un lieu à l'abri de la poussière. A défaut d'essence de savon, d'argile, de fiel de bœuf et de saponaire, rien ne t'empêchera de prendre des jaunes d'œufs, de les bien battre et d'enlever les taches.

Quant aux taches de cire, de résine et de poix, tu te pro-

cureras de l'alcool pur, comme qui dirait tout ce qu'il y a
de plus fort en esprit-de-vin. Elles ne lui résisteront pas.

Pour les taches de vin et de fruits sur du blanc, tant
qu'elles sont fraîches, il suffit d'un peu d'eau de javelle pour
les enlever. Quand elles sont vieilles, c'est un peu plus difficile; tu ne les laisseras pas vieillir, autrement, tu serais forcée
d'employer les acides qui mangent quelquefois les bonnes
couleurs en même temps que les autres. Quand les taches
de vin et de fruits, dont je viens de te parler, se trouveront
sur de la laine blanche, tu savonneras d'abord à la main,
puis tu feras arriver sur les parties savonnées un gaz que
tu connais sous le nom de vapeur de soufre, et que les sa-
vants appellent *acide sulfureux*. Pour pratiquer l'opération
convenablement, tu rouleras un morceau de carton en
forme de pain de sucre et laisseras un petit trou dans le
haut. Après cela, tu brûleras du soufre sous ce carton et
recevras la vapeur par le dessus. De cette manière, l'acide
sulfureux ne s'épanche point à tort et à travers et peut être
conduit directement sur les taches à enlever.

Les taches de boue noire nous font damner plus d'une
fois et ne s'en vont pas, comme on le voudrait, sous le
coup de brosse. Pour en avoir raison, tu les laveras d'abord
avec de l'eau tiède, tu les savonneras ensuite, tu les saupoudreras de crème de tartre et tu les rinceras à l'eau pure.

Tu enlèveras les taches de fumée ou de jus de poêle en
les savonnant à l'eau tiède, en les lavant ensuite avec de
l'essence de térébenthine, en les saupoudrant enfin, après
ce lavage, avec de la crème de tartre : il ne te restera plus
qu'à rincer.

Quand tu auras affaire à de la peinture à l'huile toute
récente, tu la feras disparaître avec de la mie de pain ;
mais quand la peinture sera vieille, tu seras forcée de
te servir d'un mélange d'essence de térébenthine et d'esprit-de-vin,

Tu enlèveras les taches de rouille avec du sel d'oseille ou de la crème de tartre; tu enlèveras enfin les taches d'encre fraîches, soit avec du jus de citron, soit avec du lait bouillant, ce qui me paraît plus simple et plus à la portée de nos ménagères. Quand les taches d'encre auront de l'âge, tu devras te servir d'acide oxalique, un véritable poison. Je t'en préviens pour que tu le mettes en place et sous clef aussitôt l'opération finie.

DE L'ENTRETIEN DES ANIMAUX.

Le plus ordinairement, ce sont les hommes qui se chargent des soins à donner aux chevaux et aux moutons, mais ils ne s'occupent guère des autres animaux, tels que vaches, veaux, porcs, lapins et volaille. Tu auras donc à soigner ceux-ci ou à les faire soigner, ce qui revient au même.

Parce que les bêtes endurent toutes sortes de misères sans se plaindre, on ne croit pas qu'elles en souffrent. C'est pour cela que bien souvent, dans nos villages, on les entretient dans des étables trop étroites, mal aérées et d'une malpropreté révoltante. C'est à étouffer faute d'air pur; c'est à ne savoir où mettre le pied, tant les flaques d'urine abondent sous la litière. Tu t'arrangeras de façon qu'il n'en soit pas ainsi chez toi; tu renouvelleras l'air aussi souvent que possible et la litière aussi, pour que les bêtes puissent s'y coucher et s'y reposer à l'aise; afin d'éviter les flaques d'urine, tu feras disposer ton étable en pente douce, et creuser à l'une des extrémités une fosse destinée à recevoir les égouts que la litière n'épongera pas. Dans le cas où cette fosse ne pourrait retenir l'engrais liquide, tu y placerais une futaille bien cerclée en fer, sur laquelle tu mettrais un large couvercle. Il y aurait mieux à faire, sans doute : il serait plus convenable d'avoir une citerne maçonnée; mais il n'est pas donné à tout le monde de s'imposer les dépenses que cette citerne nécessiterait. Tu te contenteras donc à moins.

Tu veilleras à ce que les heures des repas soient parfaitement réglées et tu ne donneras aux bêtes ni trop ni trop peu. A cet effet, ton foin sera botte lé et pesé, et tu sauras également le poids du fourrage vert et des racines. Qui ne se rend compte de rien n'arrive à rien.

Tu auras pour tes vaches toutes sortes d'égards qu'on leur refuse généralement. A l'étable comme au pâturage, on les maltraite, on les frappe du fouet ou du bâton, on lance sur elles les chiens de garde. Ce n'est point par méchanceté, c'est par habitude; mais l'habitude est mauvaise et cruelle. Tu traiteras ces animaux avec douceur et ne souffriras pas que d'autres les traitent durement.

Ces attentions, bonnes en tout temps et à l'égard de tous les animaux, deviennent indispensables avec les vaches prêtes à donner le veau. Tu les nourriras mieux que les autres. Tu leur donneras de l'exercice une heure ou deux par jour, le matin et le soir; tu te garderas bien de les exposer aux fortes chaleurs du jour. Sans cela les mouches, les insectes de diverses sortes les tourmenteraient incessamment et leur produit s'en ressentirait.

Après le vêlage, tu bouchonneras les mères, tu les couvriras de laine, tu leur donneras de l'eau tiède blanchie avec du son ou de la farine d'orge. Tu pourras, si les vaches étaient très affaiblies, imiter ces cultivateurs du Lyonnais, qui, avant de donner l'eau blanche, ne manquent pas de leur faire avaler quatre ou cinq litres de vin chaud avec une livre de pain grillé, non pas seulement une fois dans les vingt-quatre heures, mais jusqu'à trois et quatre fois. Tu arriveras ensuite à l'eau blanche, puis à une nourriture légère en fourrage, que tu distribueras par petites quantités d'abord, et en ayant soin d'augmenter chaque jour un peu les rations. Dix ou douze jours après le vêlage, tu pourras nourrir fortement,

En même temps que tu soigneras la mère, tu ne négligeras pas le petit. Tu ne le laisseras pas courir de droite et de gauche parmi les vaches de l'étable, qui pourraient le rebuter et le maltraiter; tu le mettras de suite à l'attache et le feras teter quatre à cinq fois par jour. Dans le cas où tu tiendrais à élever le veau pour la boucherie, tu aurais peut-être avantage à le nourrir artificiellement, sans le secours de la mère, avec du lait pur d'abord, puis avec du lait mélangé d'une infusion de foin. Mais dans le cas, au contraire, où tu tiendrais à le conserver, donne la préférence à la méthode naturelle, la seule qui fasse des animaux susceptibles de se bien développer, de se bien porter.

Les veaux, je t'en préviens, sont sujets à la diarrhée, et, le mal arrivant, il est d'usage de le combattre en coupant le lait avec de l'eau d'orge. A ce propos, je te dirai que dans le canton de Jodoigne, province de Brabant, les fermières s'y prennent d'une autre manière pour arrêter la maladie en question. Elles se servent d'une herbe que les botanistes nomment *potentille anserine*, mais qui a des noms patois qui varient avec les localités; elles prennent deux poignées de feuilles fraîches de cette herbe ou un peu plus de deux poignées, quand les feuilles sont sèches, et les jettent dans deux litres d'eau. Elles font bouillir le tout et réduire à un demi-litre environ; après quoi elles passent la décoction dans un linge, tordent avec force et versent la liqueur clarifiée dans le breuvage du veau. Elles renouvellent ce remède jusqu'à ce que la maladie cesse. On le dit bon. Tu en essayeras au besoin.

Dans certains pays, les fermières livrent leurs veaux à la boucherie au bout de huit jours au moins, de quinze jours au plus; tu ne les imiteras pas, tu attendras que la jeune bête ait au moins six semaines ou deux mois. Jusque là tu n'y perdras point, car le veau payera le lait qu'il aura bu; de leur côté, les consommateurs ỳ gagneront, car ils auront de la viande de bonne qualité.

Tout à l'heure je te parlais des fermières brabançonnes; maintenant j'ajouterai qu'il est d'usage chez quelques-unes de pousser les veaux à l'engraissement en leur donnant dans leur nourriture deux cuillerées à bouche d'huile de foie de morue le matin, et deux cuillerées le soir. Tu pourras encore, au besoin, essayer de ce moyen.

En même temps que tu auras la surveillance de l'étable, tu auras à t'occuper aussi de la porcherie. Autant que pos-

Porc d'engraissement.

sible, tu régleras les heures des repas pour les porcs comme pour les vaches; tu tiendras les loges parfaitement propres; tu les laveras à grande eau plusieurs fois par semaine, et donneras de la litière fraîche tous les jours. Autant que possible encore, tu n'élèveras que des races promptes à l'engraissement, attendu que la première graisse coûte moins à produire que la dernière. Tu reconnaîtras ces races à la largeur des reins, à leur taille basse, à leurs soies fines et rares. Je ne te dirai rien de plus, parce qu'il a été question de tout ceci, et en détail, dans les *Instructions agricoles* et qu'il n'y a pas nécessité de se répéter.

Tu auras à t'occuper aussi du clapier, c'est-à-dire de l'éducation des lapins domestiques, éducation qui n'est pas à dédaigner, au dire des ménagères flamandes qui les engraissent par douzaines et par centaines, et n'ont pas de peine à s'en défaire.

La manière d'élever les lapins n'est guère connue, et il est bon que tu saches comment s'y prennent les gens des Flandres, qui, sous ce rapport, passent pour nos maîtres et le sont en effet.

Et d'abord, tu sauras que le lapin des Flandres n'est

Mode d'engraissement dans les Flandres.

point de race chétive comme la plupart de ceux que nous rencontrons dans nos fermes. Il y en a qui pèsent de dix à quinze kilogrammes. Pendant quatre ou cinq mois on les nourrit au meilleur compte possible ; après cela on songe à l'engraissement. On peut l'obtenir complet en une quinzaine de jours par le moyen que voici : — on prend un morceau de planche tout juste assez large et assez long pour que le lapin puisse tenir dessus avec sa nourriture. On fixe ce morceau de planche contre un mur, à un mètre à peu près de hauteur, et l'on y place l'animal, qui reste là sans bouger, pour ainsi dire, tant il a peur de perdre l'équilibre. Trois fois par jour, et à des heures fixes, on lui donne du pain de seigle avec du lait le matin, deux poignées d'avoine sèche, l'une vers midi, l'autre vers le soir, et enfin du trèfle sec, quand il est du goût du lapin. La bête mange et ne remue pas, et c'est à cause de son immobilité qu'elle engraisse aussi promptement. A part l'originalité du procédé, il n'a rien de surprenant. N'avons-nous pas recours au supplice des loges pour l'engraissement des vaches, et au supplice des cages étroites pour l'engraissement des oies, des dindes et de nos diverses autres volailles.

Tant qu'il ne s'agit que d'entretenir les lapins, de les développer, et non de les engraisser, la nourriture n'est pas coûteuse. On leur donne en été, et deux ou trois fois par jour, un peu de drèche de brasserie, des feuilles de chou non mouillées, de l'herbe ordinaire des prés, ou bien des pelures de pommes de terre, cuites avec du son, broyées et mises en boulettes. En hiver, on leur donne des carottes, du foin sec, du trèfle sec et des pelures de pommes de terre que l'on fait dessécher au grenier, c'est-à-dire à l'ombre.

Tu sauras que dans la Flandre orientale, par exemple, les gens ne se mettent guère en frais pour loger leurs lapins. On prend tout simplement un vieux coffre ou une caisse, on y met de la litière de paille, et l'on recouvre avec quelques planches mal jointes, de façon à ce que l'air passe et se renouvelle librement. Seulement, on a bien soin de changer souvent cette litière, afin qu'elle ne soit jamais ni humide ni infecte. Pendant l'été, les caisses en question sont placées dans un lieu aéré, assez souvent dans une grange, ou au dehors sous un hangar; en hiver, on les rentre dans l'habitation ou dans les étables tièdes, attendu que les lapins souffrent du froid plus qu'on ne se l'imagine communément.

En somme, tu vois que l'éducation des lapins n'offre aucune difficulté, ne coûte pas très-cher et peut être entreprise dans toutes les maisons de ferme.

Tu sauras, en dernier lieu, qu'un lapin de six mois, bien gras et bon à tuer, se vend de deux à trois francs, selon les temps.

LES OISEAUX DE BASSE-COUR.

Je ne te dirai pas que les oiseaux de basse-cour sont la fortune de la ferme, mais ils y contribuent quand on les élève bien. Quand, au contraire, on les néglige, ils sont d'un maigre rapport. Quoi qu'il en soit, tu élèveras des poules pour leurs œufs et leur chair, et aussi des oies, des canards, des dindons, et encore des pintades. Quant aux pigeons, c'est une ruine, et je te conseille de ne pas t'en occuper.

POULES. — A tout seigneur tout honneur : parlons d'abord des poules, et commençons par leur logis ou poulailler. Tu sauras, pour ta gouverne, qu'un poulailler destiné à contenir cent poules doit avoir de quatre à cinq mètres de longueur sur autant de largeur, ou bien encore six mètres et demi de longueur sur trois de largeur. Cependant, il ne convient pas de s'assujettir partout à ces dimensions qui ont été établies pour des climats tempérés. Dans les pays chauds, tu donneras beaucoup d'espace à tes poules; dans les pays froids, en allant vers le Nord, tu les mettras très à l'étroit, tu les tiendras serrées les unes contre les autres, autrement elles auraient de la peine à résister. Et cela est si vrai, que, dans l'Ardenne belge,

par exemple, les petits poulaillers ne suffisent pas toujours à sauver les poules des rigueurs du froid, et qu'il devient nécessaire de les loger en hiver parmi les vaches et
les chevaux.

Tu te garderas bien d'exposer ton poulailler aux vents du
nord et du nord-est. Tu placeras la porte principale au levant, et en face de cette porte, du côté du couchant, tu
auras dans le mur une lucarne de quarante centimètres
carrés à peu près, avec grillage fixe et volet plein. En hiver, tu tiendras ce volet fermé; en été, quand les poules
seront dehors, tu ouvriras le volet et la porte, de façon à
établir un courant d'air qui chassera les mauvaises odeurs.
Toutes les fois que les poules seront renfermées, tu te borneras à donner de l'air au moyen d'une ouverture prati-
quée au beau milieu de la porte principale, car autrement
les rats, les belettes, les chiens même pourraient pénétrer
dans le poulailler et y commettre toutes sortes de dégâts.
Pour que la volaille puisse atteindre cette ouverture, tu la
mettras en communication avec le sol au moyen d'une
petite échelle à traverses plates.

Tu feras blanchir l'intérieur, de temps en temps, avec de
l'eau de chaux, et tu y placeras une petite auge en bois ou
en pierre, destinée à recevoir de l'eau que tu renouvelleras
trois fois par semaine en hiver, et tous les jours en été.

Quant au perchoir, tu sais qu'on le forme ordinairement
avec des perches étendues horizontalement sur toute la
longueur ou la largeur du poulailler, et assez près du sol
pour que les jeunes poules et les vieilles puissent y voler
sans trop de peine. Ce perchoir ne me paraît pas mauvais.
Toutefois, tu sauras que les amateurs de nouveautés lui
préfèrent un juchoir en pente, appliqué à la manière d'une
échelle sur l'un des côtés du logis, et disposé de telle sorte
que la volaille perchée sur les échelons supérieurs ne puisse
salir celle qui occupe les échelons inférieurs.

Il me reste à te parler des nids. Dans la plupart de nos fermes, ce sont des trous ouverts dans l'intérieur du mur comme les boulins des anciens colombiers. Ainsi faits, ils ne valent rien, car ils sont trop frais ou trop froids. Tu te serviras de paniers que tu fixeras contre le mur à trente centimètres au-dessus du sol, et que tu garniras ou de foin, ou d'étoupes, ou de paille de seigle hachée. Ces

Nid pour les poules.

paniers laissent à désirer sans doute; les punaises et les poux s'y logent volontiers. Tu les nettoyeras donc de temps à autre; tu les battras au dehors avec des baguettes, tu les laveras assez souvent en été, et les feras sécher au soleil; tu les parfumeras même avec de la fumée de menthe, de genévrier, de lavande ou de tanaisie. Tu parfumeras également l'intérieur du poulailler en versant du vinaigre sur des charbons ardents.

Les amateurs de poules qui ont de l'argent à dépenser et n'y regardent pas de trop près, ne se contentent point d'un poulailler aussi modeste; ils le veulent de plusieurs pièces. Dans l'une, ils logent les poules pendant la nuit; dans l'autre, ils mettent les couveuses; autre part enfin, ils élèvent les jeunes poussins pendant huit ou dix jours. Nous n'avons pas à nous récrier contre ces dispositions; elles sont bonnes assurément, mais elles ne conviennent pas aux petites bourses, et voilà pourquoi je n'ose te les conseiller.

Maintenant que nous avons le poulailler, procurons-nous les poules. Tu en élèveras le moins possible, tout juste assez pour les besoins de la ferme. Au lieu de les prendre au hasard, sans distinction des bonnes et des mauvaises,

Coq de Crève-cœur.

tu feras un choix, et, pour le bien faire, tu sauras d'abord que les meilleures races sont les poules communes ou villageoises, les poules de Houdan et de Crève-cœur. Parmi les poules communes, il y en a d'unes et d'autres. Tu adopteras celles de ta localité

2.

qui pondent le plus. Les poules de grande race, telles
que les cochinchinoises, sont d'excellentes couveuses, mais elles ne valent guère autrement, et ne sont pas
d'un tempérament aussi robuste qu'on le voudrait; les
poules russes valent mieux pour l'engraissement que pour
les œufs, et il n'y a pas grand profit à en engraisser; souvent même il y a perte. Quant aux poules de la petite race,
anglaises ou pattues, elles pondent bien, mais de trop petits œufs; elles couvent bien, mais elles n'en couvent pas
assez. Leur principal mérite, c'est d'être fort jolies, de ne
point marauder, de ne point s'éloigner de la ferme.

Tout bien compté, et en attendant mieux, contente-toi
des poules communes; choisis-les de couleur foncée, car
les blanches ou à plumage clair pondent moins longtemps,
se fatiguent plus vite que les noires, les brunes et les
rousses. Recherche celles qui ont la tête grosse, la crête
vive et pendante, l'œil vif, le cou gros, la poitrine large,
le corps trapu et lourd, les jambes et les pieds jaunâtres,
les ongles courts et gros. Évite celles qui imitent le chant
du coq, non parce qu'elles portent malheur à la ferme, au
dire des gens crédules, mais parce qu'elles sont d'un caractère taquin, batailleur et ne conviennent ni pour pondre ni pour couver.

Tu n'auras qu'un coq pour vingt poules. Tu le choisiras
de taille moyenne, à plumage brillant, hardi dans ses
allures, portant la tête haute, ayant l'œil vif, la crête large,
la queue à deux rangs et formant bien la courbe. Celui
qui, outre ces qualités, aura le bec fort, l'oreille grande,
la poitrine bien développée, les cuisses longues, la voix
forte et sonore, l'ergot solide, celui qui enfin grattera
bien la terre et se montrera plein de sollicitude pour les
poules, méritera la préférence.

Tu ne conserveras pas de poules maraudeuses et vaga-
bondes; elles t'exposeraient à toutes sortes de désagré-

ments de la part des voisins et perdraient leurs œufs à droite ou à gauche. Les bonnes poules ne doivent pas sor-

Coq et poule de la campine.

tir de la ferme. Tu n'en conserveras pas non plus au delà

de cinq ans, attendu que, passé cet âge, elles pondent
moins que les jeunes.

Tu tiendras pour bonne toute poule qui te donnera de
quatre à cinq œufs par semaine durant la saison favorable,
et tu pourras entretenir la ponte une partie de l'hiver,
pourvu que le logis soit chaud et la nourriture excitante,
comme le chènevis, le sarrasin, l'avoine et les graines de
grand soleil et d'ortie. Au fur et à mesure que tes poules
pondront, tu enlèveras les œufs; autrement la ponte
s'arrêterait souvent au chiffre de dix ou douze, et la mère
ne songerait plus qu'à couver.

Tout à l'heure, je te parlais de la nourriture excitante à
donner aux poules en hiver; à présent, je vais te dire un
mot de leur nourriture habituelle : elle se compose, tu le
sais, des graines perdues dans les pailles et dans les foins,
des vers ou larves trouvés dans les fumiers, des insectes
que les bêtes peuvent saisir; mais au fur et à mesure que
nous perfectionnons les moyens de battage, et que nous
dépouillons mieux les gerbes de leurs graines, cette nourriture de la ferme devient de plus en plus insuffisante. Tu
donneras donc à ta volaille deux rations supplémentaires en
menus grains, l'une au soleil levant, l'autre le soir, une
heure avant le coucher du soleil. A défaut de froment,
de seigle ou d'orge, tu pourras leur donner de la pâtée
de maïs, des pommes de terre cuites, des vesces, et même
des feuilles de laitues, de navets, de choux, de betteraves
cuites avec du son.

Prends, après cela, la peine de compter serré, mets en
ligne les dégâts commis par les poules parmi les fumiers
qu'elles bouleversent et éparpillent, parmi nos potagers
qu'elles grattent et pillent malgré notre surveillance; mets
en ligne aussi les frais de nourriture au poulailler à l'approche de la moisson ou des vendanges, quand il y a ordre de les tenir renfermées, additionne, et tu reconnaîtras

que le prix de revient est plus élevé qu'on ne se l'imagine. Il n'y a qu'un moyen de tirer grand parti des poules, c'est d'établir des verminières, de créer par millions ce que les pêcheurs de Paris appellent des *asticots*, de les créer au moyen de débris d'animaux qui pourrissent dans des fosses, sans cesse renouvelées. Malheureusement, les verminières ne conviennent qu'à des industriels placés à proximité des grandes villes, et, pour notre part, nous ne donnerons jamais à nos fermières le conseil de s'entourer de foyers d'infection. Nous le leur donnerions d'ailleurs, qu'elles ne le suivraient pas.

Parlons maintenant de la couvaison. Tu prendras à cet effet des œufs de jeunes poules qui aient moins de vingt jours, et ne contiennent pas deux jaunes. Tu les placeras dans un panier garni de vieille paille, de balles de grains, d'étoupes, et assez large pour contenir de douze à quinze œufs. Tu choisiras, pour les faire couver, une poule vieille, grasse, bien emplumée, et ne craignant ni l'homme ni les animaux. Tu reconnaîtras que cette poule est disposée à couver lorsqu'elle ne pond plus, qu'elle glousse sans cesse et paraît inquiète. Dans le cas où cette poule ne serait pas disposée à couver, tu pourras l'y forcer soit en lui donnant du chènevis à discrétion, ou bien en lui faisant manger du pain trempé dans du vin, ou bien encore en la plumant sous le ventre et en frottant la partie plumée avec une poignée d'orties.

Au bout de quelques heures, tu sauras si les œufs du panier sont de bonne qualité pour la couvaison. Les bons deviendront louches; les mauvais resteront clairs. Tu remplaceras ces derniers, mais seulement la nuit. Sans cette précaution, la poule les renoncerait et déserterait le panier. Si, au lieu d'employer une poule pour couveuse, tu te servais d'une dinde, il n'y aurait pas tant de précautions à prendre. Tout le temps de la couvaison, tu veilleras sur la cou-

veuse, car on en a vu se laisser mourir de faim plutôt que
de quitter les œufs. Tu mettras donc, près de son nid et à
portée de son bec, l'eau et la nourriture nécessaires.

Du vingt au vingt-deuxième jour, les œufs couvés s'ou-
vriront et les poussins ne tarderont pas à sortir du nid. Au
moment de l'éclosion, tu te garderas bien de déranger la
mère, car, dans son inquiétude et ses préoccupations, elle
pourrait piétiner les petits et en tuer un certain nombre. Tu
la laisseras vingt-quatre heures en repos ; après quoi, tu
entoureras les poussins de toutes sortes de petits égards.
Tu leur donneras du pain émietté et des pâtées de maïs et
de pommes de terre. Si l'espace te manque, tu placeras la
nichée avec la mère sous une mue ou grande cloche d'osier
à claire-voie, afin d'empêcher la poule de s'éloigner trop et
de l'obliger à rappeler sans cesse ses petits. Ce procédé n'est
pas des meilleurs ; il vaudrait mieux que la mère eût plus
de liberté, qu'il y eût des espaces ménagés et un peu plus
étendus pour elle et les poussins ; malheureusement, nous
ne sommes pas toujours en mesure de répondre à ces exi-
gences. Durant les quatre ou cinq premières semaines, tu
feras en sorte que les poussins ne soient exposés ni à la
pluie ni à l'air froid ; tu feras en sorte également qu'ils ne
se confondent pas trop vite avec la grosse volaille de la
basse-cour, qui, sans le vouloir, en détruirait un certain
nombre. Ce délai passé, tu les laisseras aller en liberté, ils
n'auront plus de risques à courir.

Au bout de trois ou quatre mois, tu pourras chaponner
les poulets et les jeunes poules réservés pour l'engraissement. Tu les nourriras à part, dans un endroit silencieux,
à moitié obscur et assez chaud. Tu leur donneras des pâtées
de farine de maïs, de farine d'orge, de pommes de terre
cuites, et, pour achever la graisse, tu les engaveras avec
des boulettes de ces pâtées, aussitôt que leur appétit bais-
sera, et tu leur donneras très peu à boire.

Comment doit-on s'y prendre pour empêcher les poules de couver quand d'aventure il se rencontre dans la ferme plus de couveuses que de pondeuses ? D'ordinaire, lorsque ce cas se présente, on recommande de faire prendre un bain de siége à la poule couveuse ; mais il est à remarquer que le bain en question ne réussit pas toujours et qu'il a

Cage en osier.

parfois l'inconvénient de compromettre gravement la santé des poules. Nous avons un moyen plus inoffensif en même temps que plus efficace, qui est appliqué dans l'Ardenne belge. Il consiste à placer la poule dans une cave et sous un panier, à la laisser là vingt-quatre heures en pénitence et à la diète, après quoi le besoin de couver cesse, et la ponte recommence au bout de trois ou quatre jours. C'est une méthode facile, à la portée de toutes les ménagères, et qui est bien préférable au bain de siége.

Pour en finir avec les connaissances essentielles à l'éducation des poules, je te dirai un mot des maladies auxquelles elles sont sujettes, et d'autant plus que le poulailler n'offre pas les conditions hygiéniques convenables. Quand le poulailler est bien exposé, bien nettoyé, bien blanchi et bien aéré ; quand il y a dans la basse-cour du gazon vert, des arbres touffus et du sable ou de la poussière, la volaille tombe rarement malade ; mais le plus souvent le poulailler est malpropre, la vermine abonde, l'eau fraîche manque, et c'est alors que les maladies se déclarent. Dans le nombre, je te citerai la maladie du croupion, la diarrhée ou cours de ventre, la constipation, la pépie, le catarrhe, la goutte et la gale.

La maladie du croupion consiste en une tumeur placée à l'extrémité du croupion, et qui finit par blanchir ou mûrir. Une fois blanche, tu l'ouvriras avec la pointe d'une épingle, tu en feras sortir le pus, tu laveras la plaie avec du vin chaud ou du vinaigre chaud, puis tu donneras aux poules malades des feuilles de laitue ou de betterave cuites avec du son d'orge ou de seigle.

La diarrhée se déclare dans les temps humides ou lorsque l'on a donné aux poules trop de nourriture verte ou mouillée. Tu changeras cette nourriture affaiblissante, tu la remplaceras par de l'orge, de l'avoine, du sarrasin, du chènevis et de la mie de pain mouillée avec du vin sucré.

La constipation est produite par une nourriture trop forte, telle que le chènevis, l'avoine et les graines de grand soleil. On la guérit avec une pâtée de farine de seigle et de feuilles de laitue hachées.

La pépie vient, à ce qu'on assure, du manque d'eau ou d'une eau malpropre. Elle consiste en une petite peau blanche ou jaunâtre qui se forme au bout de la langue et empêche les animaux de boire et de crier. Tu enlèveras cette petite peau avec une pointe d'épingle, tu frotteras la plaie avec un peu de sel fin, et tu mettras un peu de salpêtre dans la boisson des poules malades. Dans certains pays, on frotte tout simplement la petite plaie avec du vin et on en fait avaler quelques gouttes aux poules.

Le catarrhe se déclare assez souvent quand les poules ont eu ou trop froid ou trop chaud. Alors elles reniflent, râlent et font des efforts pour rejeter de leur gosier une sorte d'humeur qui ressemble à du pus. Dans ce cas, tu donneras aux malades de la mie de pain dans du vin et tu aiguiseras leur boisson avec un peu de salpêtre.

La goutte est commune dans les poulaillers humides. Tu guériras les malades en les plaçant dans un endroit chaud et en leur frottant les jambes avec de la graisse ou du beurre.

La gale est le résultat de la malpropreté. Tu commenceras donc par nettoyer à fond le poulailler et le parfumer, puis tu donneras aux poules des feuilles de légumes cuites avec du son.

La mue est bien une maladie aussi, mais elle est dans l'ordre des choses et arrive tous les ans vers le mois d'octobre ou de novembre. Pour soulager la volaille, tu l'éloigneras de l'humidité et la tiendras chaudement.

Les poux enfin font cruellement souffrir les poules. Pour les en débarrasser, tu les laveras avec une forte eau de savon noir.

Je n'ai pas besoin de t'entretenir longuement des usages des poules et de leurs produits. Tu sais aussi bien que moi que leur chair et leurs œufs sont recherchés, que leurs petites plumes sont utilisées dans nos campagnes pour faire des oreillers et même des lits, que leurs grosses plumes sont un excellent engrais à mêler aux composts. Tu sais aussi que les coquilles d'œufs, mêlées aux cendres de bois, améliorent les lessives, et que l'on se sert de ces mêmes coquilles, coupées en deux, pour faire lever des plantes délicates ou des primeurs dans le potager.

OIES. — L'éducation de cette volaille me paraît plus avantageuse que celle des poules, surtout pour les gens qui n'ont pas de bons pâturages à gâter. Tu sauras que l'oie salit l'herbe et la fait rebuter par les animaux. Il en serait de même avec les poules, si celles-ci couraient les prairies. Tu sauras aussi que l'oie nuit aux herbages en arrachant les

3

jeunes plantes. C'est pour cela que les cultivateurs ne s'en soucient guère, et qu'on la laisse aux populations des pays pauvres. Tu remarqueras toutefois que, même dans les pays riches, il peut y avoir profit à acheter des oies maigres au moment de la moisson, à les conduire parmi les éteules où elles profitent du grain perdu et engraissent assez bien. C'est ainsi que s'y prennent les cultivateurs de la Beauce. Ils ne conservent les oies que quelques semaines, les plument et les revendent. C'est une partie de la dot de la fille du fermier.

Oie de Toulouse.

Je te dirai que notre oie domestique comprend deux espèces, la petite et la grosse, et que la grosse vaut nécessairement mieux que la petite, puisqu'elle rend plus sous tous les rapports, en chair, en plumes et en graisse. Tu en

achèteras donc de la grosse espèce, de celles qui ont le plumage blanchâtre plutôt que d'un cendré foncé, de celles
aussi qui montreront le plus de vivacité. Pour cinq ou six
oies femelles tu n'auras qu'un mâle ou *jars*. Tu leur donneras une loge assez large, bien propre, et tu n'épargneras
point la paille fraîche lorsque tu renouvelleras la litière salie.

Le matin et le soir, tu donneras des menus grains ou des
criblures à tes oies ; dans le jour, tu les laisseras courir librement dans les prés ou bien au bord des ruisseaux, des
rivières et des étangs. Dans le cas pourtant où tu les élève-
rais par troupeaux, tu pourrais en confier la garde à un
enfant qui les mènerait au pâturage et les ramènerait au
logis à l'heure où le jour tombe.

Je n'ai pas besoin de te recommander d'attendre, pour
la sortie des oies, que la ponte ait eu lieu. Tu sauras
qu'elles pondent toujours à la même place et donnent de
douze, treize à dix-sept œufs et plus, avant que la ponte ne
s'arrête. Quelquefois même cette ponte va jusqu'à trente
ou quarante œufs ; mais c'est l'exception.

Tu feras couver les œufs par une poule ou une dinde,
mais de préférence par une poule, et tu ne lui en donneras
que cinq ou six, pas davantage ; autrement, elle les recou-
vrirait et les réchaufferait mal. Au bout d'un mois, l'éclosion se fera ; parfois même elle aura lieu deux ou trois
jours plus tôt ou deux ou trois jours plus tard. Au fur et à
mesure qu'ils naîtront, tu enlèveras les petits de dessous la
mère adoptive et les mettras en lieu chaud, dans un nid garni
de laine, sans rien leur donner avant l'éclosion complète.

Une fois les oisons éclos, tu les porteras avec la couveuse
dans une pièce tiède, où tu soigneras parfaitement petits
et mère durant une semaine au moins ; tu leur donneras à
manger une bouillie de farine d'orge et de lait, ou une
bouillie de son de froment avec du lait caillé, ou bien encore du cerfeuil et de l'herbe tendre hachés. Ce délai d'une

semaine passé, tu les laisseras aller en liberté, en ayant soin seulement de ne pas les confondre avec les grosses oies, car celles-ci les maltraiteraient.

Lorsque tu auras fait couver les œufs d'oies dès le commencement d'avril, tu auras, trois mois et demi plus tard, c'est-à-dire en juillet, des volailles d'une belle grosseur, que tu pourras déjà plumer sous le ventre, sous les ailes et au cou; tu plumeras aussi à la même époque les vieilles oies et leur enlèveras plusieurs belles plumes des ailes.

En octobre, au commencement de la mue, tu plumeras de nouveau cette volaille, mais légèrement, car il y aurait imprudence à trop la déshabiller à l'entrée de l'hiver. Pendant la saison rigoureuse enfin, tu engraisseras les oies pour les tuer, et les plumeras une troisième fois, aussitôt la bête morte et avant qu'elle ait eu le temps de se refroidir; sans cela, les plumes perdraient de leur qualité.

Il y a diverses manières d'engraisser les oies; je vais t'indiquer les principales. Il y en a qui les enferment dans une futaille percée de trous juste assez larges pour qu'elles puissent y passer la tête et se nourrir au dehors. Il y en a d'autres qui mettent les oies séparément dans des pots de terre sans fond et assez étroits pour que la bête qui s'y trouve engagée ne puisse se retourner et se mouvoir. J'en sais encore qui commencent par enlever aux oies quelques plumes des ailes et du croupion et qui les mettent ensuite douze par douze dans des caisses étroites et basses, où elles ne peuvent ni se tenir debout ni se remuer librement. On met à leur portée de la pâtée et beaucoup d'eau. Quand leur appétit baisse, on leur bourre le jabot deux fois par jour d'abord, et ensuite trois fois, au moyen d'un entonnoir, dans lequel on verse du grain, et, au fur et à mesure que le jabot se remplit, on retire l'entonnoir et l'on offre à l'oie une écuelle d'eau dans laquelle les Alsaciens mettent du sable et du charbon de bois en poudre. J'en sais d'autres enfin

qui enferment les oies, jeunes et maigres, chacune dans
une boîte étroite, dont le fond est à jour pour le passage
des ordures. C'est là qu'elles vivent et se dévelopçent jusqu'à n'y plus tenir..... Cette boîte ne présente qu'une ouverture qui permet à la bête de manger et de boire dans une
auge mise à sa portée. Il y a même, dit-on, des éleveurs
barbares qui crèvent les yeux aux oies et leur clouent les
pattes sur des planches pour obtenir le repos parfait et
éviter toute distraction; mais j'en doute.

Il te faudra trois semaines au moins pour bien engraisser
une oie, et de vingt ou vingt-cinq kilos de maïs ou d'orge.
Dès le mois de novembre, tu te mettras à la besogne, et,
avant d'emprisonner les oies maigres, tu les plumeras sous
le ventre. Tu choisiras ensuite un lieu étroit, assez frais, à
demi obscur, silencieux et éloigné du voisinage des oies
criardes. Ces précautions prises, tu adopteras l'un des procédés que je t'indiquais tout à l'heure, et bien entendu le
moins cruel de tous.

Les éleveurs qui se servent de la futaille pour y mettre les
oies en commun, leur donnent ordinairement à manger de
la pâtée faite avec du lait et de la farine d'orge, ou de la
farine de maïs et de sarrasin, ou des pommes de terre
cuites. Quant à l'eau, ils en fournissent à discrétion.

Les éleveurs qui mettent chaque oie dans un pot de terre
défoncé, obtiennent une graisse plus rapide en les nourris-
sant de la même manière. Souvent, au bout de quinze jours
ou de trois semaines, on est obligé de casser les pots pour
en sortir la volaille à l'engrais.

Je n'ose te conseiller ni la troisième ni la quatrième
méthode, parce qu'elles sont plus difficiles et en même
temps plus cruelles. La dernière, celle qui consiste à
mettre l'oie jeune et maigre dans une boîte de sapin, a
pour but principalement de développer une maladie du
foie et de le faire grossir pour la préparation de ces fameux

pâtés de Strasbourg qui font les délices des gourmands.

On assure que les oies ont la vie longue, mais tu vois que nous avons trouvé divers moyens de la raccourcir, et qu'à l'exception des mères et des mâles, que nous conservons une année ou un peu plus avant de les tuer, nous en finissons ordinairement avec les autres au bout de huit ou neuf mois seulement.

A présent je te dirai un mot de deux maladies qui peuvent attaquer les oies dans le cours de leur existence : ce sont la dyssenterie et le tournis. Dans le cas de dyssenterie, on recommande de faire cuire des glands dans du vin et de leur faire avaler cette boisson. Dans le cas de tournis, que l'on reconnaît dès que la volaille allonge le cou, secoue la tête, s'agite, traîne les ailes en marchant, tourne sur elle-même et refuse la nourriture, il est d'usage de percer avec une épingle une veine bien marquée qui se trouve sous la peau qui sépare les doigts, et, après la saignée, de lui tenir la tête et le cou quelques instants dans l'eau, et de renouveler de temps en temps.

Un dernier mot sur les usages de l'oie. Sa chair, tu le sais, n'est pas précisément délicate, mais nous nous en contentons et pourrions nous contenter à moins. Sa graisse est d'une finesse sans pareille et, à ce titre, fort recherchée; son foie est un morceau d'amateur qui n'a qu'un défaut à notre avis, celui de coûter trop cher pour les petites bourses; son duvet sert à faire des édredons, ses petites plumes des oreillers et des lits que l'on place entre deux matelas ; ses grosses plumes sont encore très utilisées pour écrire, malgré l'introduction des plumes métalliques.

Une oie d'un an et plus te donnera jusqu'à 500 grammes de plumes ; une jeune, 250 grammes. Puisque nous en sommes sur ce chapitre, tu sauras que la plume des oies maigres vaut mieux que celle des oies grasses ; que celle des oies vivantes est bien préférable à celle des oies mortes.

Voilà pourquoi, plus haut, je te recommandais de plumer la volaille tuée, tout de suite après l'opération. La plume morte se met en pelote et se gâte plus tôt que la plume vive. Voilà pourquoi encore il vaut mieux acheter la plume en juillet et en octobre qu'en décembre, parce que, dans ce dernier mois, il est certain que la plume provient d'oies tuées. Tu sauras enfin qu'il existe encore une différence entre la plume de juillet et la plume d'octobre : celle de juillet n'est pas mûre, tandis que l'autre l'est parfaitement, puisque c'est le moment de la mue et qu'elle tombe toute seule. J'ajouterai qu'aussitôt le déplumage fait, tu auras soin de mettre la plume au four et de l'y laisser pendant une demi-heure, après en avoir retiré le pain. Tu pourras même renouveler l'opération deux ou trois fois. Après cela, tu la conserveras en lieu sec.

CANARDS. — Si la ferme n'est pas éloignée d'une rivière, d'un ruisseau, d'un étang ou d'une mare, tu pourras élever des canards, et peut-être même avec plus d'avantage que les oies ; car ils dépensent moins et leur chair est plus recherchée. Si l'eau te manque, n'en élève point, car ils souffriraient trop, et leur chair n'aurait pas la qualité de celle des autres. Il faut que le canard puisse barboter, sans quoi il se tourmente et ne donne guère d'œufs.

Il y a diverses sortes de canards : le *barboteur commun* ou la petite espèce ; le *canard de Normandie*, ou la grosse espèce ; le *canard musqué* ou *de Barbarie*, que l'on appelait autrefois aussi *canard de l'Inde* au *de la Guinée*, et enfin les mulets ou mulards, qui proviennent du croisement du canard de Barbarie avec la cane commune.

Je te parlerai d'abord de nos canards ordinaires. Si tu n'en élèves que huit ou dix, tu n'auras besoin que d'un mâle. Dans le courant de mars, les canes commenceront à pondre et te donneront des œufs chaque jour pendant deux ou trois mois, si tu as soin, bien entendu, de les enlever au

fur et à mesure de la ponte. Tant qu'elles n'auront pas
réglé leur compte avec toi, tu les tiendras au poulailler,
autrement elles s'en iraient au bord des rivières, parmi
les roseaux ou d'autres herbes et y feraient leur nid, en
sorte que les œufs seraient perdus.

Tu ne laisseras pas à la cane le soin de couver ses propres
œufs, car, sans être une mauvaise mère, elle est une mère
imprudente, et, les petits à peine éclos, elle les condui-
rait à l'eau. Il en est ainsi, je le sais, dans l'état de nature,
mais les canetons éclos au poulailler, sous une température douce, ne se trouvent plus dans cet état et ne doivent
pas entrer à l'eau trop tôt. Tu prendras donc pour couveuse
une poule ou une dinde, une poule surtout, car la dinde est
distraite, lourde dans ses mouvements et détruit souvent
une bonne partie des couvées, en foulant les petits aux
pieds. La poule, au contraire, est très-attentive et s'attache
aux canetons comme aux poussins. La couvaison durera
un mois. Tu ne permettras pas aux jeunes canards de sortir
tout de suite du poulailler et de circuler librement dans la
cour de la ferme, attendu qu'ils s'effrayeraient au moindre
bruit, s'éparpilleraient et pourraient être écrasés par les
voitures ou les animaux. Pour éviter cet inconvénient, tu
conserveras la couvée, de douze à quinze jours environ,
dans un lieu séparé et assez chaud. Au bout de ce temps,
tu mettras les canetons en liberté, en ayant soin, toutefois,
de ne pas les confondre avec les gros canards qui les tourmenteraient et en détruiraient.

Dès l'âge de dix mois, les canards, bien nourris dans le
principe avec de la farine d'orge ou des pommes de terre
cuites et de l'eau de vaisselle, auront pris leur entier développement, et il n'y aura plus qu'à les engraisser. A cet effet,
tu augmenteras la quantité et la qualité de leurs rations,
et, sans autre moyen, ils arriveront vite à un bon état de
graisse. Toutefois, tu sauras que, dans les pays où l'en-

graissemeut des canards est une industrie, on ne leur laisse
pas leur liberté. Pour que la graisse se fasse plus vite et
mieux, on met la volaille sous une cloche en osier, dans
une pièce silencieuse et tiède ; après quoi ou leur donne à
discrétion du pain et une pâtée de son et d'eau grasse. On
leur donne aussi de l'eau, mais le moins possible, tout juste
assez pour aider la digestion. En Normandie, on fait, pour

Canard commun.

l'engraissement des canards, une pâtée épaisse de farine
de sarrasin, et trois fois par jour, durant une semaine et
demie environ, on les bourre avec cette pâtée. On les vend
ensuite. Les Anglais pratiquent l'engraissement des canards
avec une pâtée de farine d'orge et de lait. Autre part, on se
sert de farine de maïs, sèche ou mouillée, cuite ou crue,
mais surtout cuite, et l'on pousse l'engraissement pendant
trois semaines.

Écoute encore ceci : Quand on veut que le foie grossisse,

afin d'en faire des pâtés qui se rapprochent assez des pâtés de foies d'oie, on emprisonne dans un lieu sombre huit ou dix gros canards, et matin et soir on les engave de la manière suivante : on leur croise les ailes, on les place entre les genoux, on leur ouvre le bec de la main gauche, et de la main droite on leur bourre le jabot avec de la pâtée. Dans le nombre, il y en a qui ne résistent pas au supplice et qui tombent suffoqués, mais le mal n'est pas grand quand on a la bonne idée de les saigner tout de suite. Cette saignée maintient la bonne qualité de la chair. Au bout de quinze jours, le foie du canard a pris son complet développement, et l'on s'en aperçoit quand sa queue fait l'éventail et ne peut plus réunir ses plumes. Alors, on le fait baigner, puis on le tue.

Je vais te dire un mot à présent du canard de Barbarie. Celui-ci a une qualité, c'est d'être muet et de ne point assourdir les gens, par conséquent, à la manière du barboteur. En retour, malheureusement, sa chair a une odeur musquée qui déplaît à beaucoup de personnes, odeur que l'on peut faire disparaître, assure-t-on, en enlevant le croupion après l'avoir tué. Il ne court point comme le barboteur, s'attache à la cour de la ferme et ne tient pas absolument à l'eau. Sa femelle donne beaucoup d'œufs et de gros ; elle est bonne couveuse et bonne mère, mais à la condition de ne point couver dans le poulailler ; tu la laisseras donc pondre où bon lui semblera et la protégeras contre les animaux importuns. Au bout d'un mois tu auras des canetons ; tu les conduiras avec la mère dans une pièce assez chaude et les y garderas une quinzaine de jours. Ce délai passé, tu leur rendras la liberté par une belle journée de soleil.

Le canard musqué, accouplé avec la cane commune, produira les mulets ou les mulards que je te citais tout à l'heure. Pour la grosseur, les mulets tiennent le milieu entre les deux espèces ; pour la qualité, ils valent mieux que l'une et l'autre. Tu sauras qu'en France, dans les Cévennes, on fait grand cas de ces métis. A l'entrée de l'hiver, on leur fait manger à discrétion du millet et des menus grains pendant une quinzaine de jours, plutôt moins que plus, et, après cela, on les engave avec de la pâtée de maïs cuit pour finir l'engraissement.

Les canards sont assez robustes et ont plus à craindre du braconnier et du renard que de la maladie. Toutefois, il peut arriver que la diarrhée et le tournis les attaquent. Dans ce cas, tu leur donnerais les remèdes indiqués pour les oies sujettes aux mêmes affections.

On assure que les canards sont avides d'une mauvaise herbe que les botanistes appellent jusquiame noire. Tu te la feras indiquer par le premier médecin venu, et, dès que tu la connaîtras bien, tu la détruiras de ton mieux, parce qu'elle n'est pas mortelle seulement pour les canards, elle l'est encore pour les poules assure-t-on.

Je t'ai dit que la chair du canard était délicate, je te le répète. C'est pour cela qu'on la recherche plus que celle de l'oie. On s'en sert en Picardie pour préparer les pâtés d'Amiens, qui ont tant de réputation. On se sert du foie aux environs de Toulouse, pour préparer d'autres pâtés qui sont également en grande estime chez les gourmets. Les œufs de canes sont très-recherchés pour la pâtisserie. D'autre part, la plume des canards a de la valeur. Tu pourras, à la rigueur, leur en enlever un peu sous le ventre et sur le cou, en mai et en septembre ; toutefois, il vaut mieux ne les plumer qu'après leur mort. Avec la petite plume, tu feras des lits ordinaires ; avec le duvet d'hiver, tu feras d'excellents édredons.

Tu sauras, en dernier lieu, et pour ta gouverne, que la chair du canard étouffé est bien plus savoureuse que celle du canard saigné. Pour ton usage donc, tu l'étoufferas ; pour la vente, tu le saigneras, car il y a plus d'acheteurs que de connaisseurs, et comme la peau de cette volaille étouffée prend une teinte rose, on la rebuterait au marché.

DINDONS. — Tu n'es pas tenue d'élever des dindons, mais il est bon, néanmoins, que tu saches comment on les élève. Entre tous les oiseaux de basse-cour, c'est assurément celui qui demande le plus de soins. Il craint la grande cha-

Dindon.

leur, la pluie, le froid et les grands vents. Les climats doux sont ceux qui lui conviennent ; à mesure que l'on s'avance vers le Nord, les dindons diminuent, car il devient parfois difficile de leur faire traverser les rudes hivers.

Tu n'auras que huit ou dix dindes et un mâle, pas davantage. Tu les choisiras de couleur foncée, attendu que les noirs sont plus robustes que les gris et les blancs. Tu le7 logeras dans un poulailler assez vaste et proprement tenu, en ayant soin d'établir ce poulailler dans un endroit bien abrité et bien silencieux ; car il n'y a pas d'animal plus timide, plus craintif que la femelle du dindon. Tu donneras à cette volaille un perchoir en pente, car les perchoirs droits que nous voyons de temps en temps dans les cours de ferme ont un inconvénient que voici : les dindons perchés sur les traverses du haut salissent de leurs excréments le plumage de ceux qui sont placés au-dessous.

Dans les premiers jours du printemps, la ponte commencera, et chaque dinde te donnera un œuf tous les deux jours, parfois même tous les jours, jusqu'à concurrence de quinze ou vingt. Ce sera le moment d'exercer une grande surveillance, de n'ouvrir le poulailler qu'après la ponte ; autrement, les dindes iraient chercher quelque part une retraite calme, un buisson ou une haie pour y déposer leurs œufs et les couver. Tu feras un nid ou plusieurs nids dans le poulailler même et à terre, avec de la paille bien sèche ; tu y attireras les pondeuses au moyen d'un œuf imité avec de la craie, et, une fois la ponte commencée, elle continuera. La dinde est une bonne mère, une couveuse intrépide qui, alors même qu'on lui enlèverait tous les œufs, n'abandonnerait point le nid.

Tout le temps de la couvaison tu tiendras le mâle à l'écart ; sans quoi, il maltraiterait les couveuses et casserait les œufs.

Au bout d'un mois ou de trente-deux jours au plus, l'éclosion se fera, et assez souvent d'une manière irrégulière. C'est le cas encore ici de redoubler de surveillance et d'empêcher la mère de quitter le nid avec les premiers dindonneaux éclos. Dès que la couvée sera complète, tu placeras petits et mère sous une cage dans un lieu chaud, et veilleras à ce qu'on ne l'inquiète pas ; car la peur provoquerait chez elle de brusques mouvements, et, sans aucun doute,

elle écraserait une partie des jeunes. Tu nourriras les din
donneaux, pendant la première huitaine, de la même manière que les poussins ; seulement, tu seras forcée de les
embecqueter d'abord pour leur apprendre à manger seuls.
Au bout d'une semaine, par un beau temps, tu les mettras
quelques heures hors du poulailler, et les habitueras ainsi
peu à peu à l'air libre. Tu ne les perdras pas de vue ; car,
pour nous servir d'une expression d'Olivier de Serres,
cette volaille est si sotte, si bête, qu'elle ne sait pas
même se détourner du pied des hommes et des animaux.
Aussitôt la nuit venue, ou bien dès qu'il fera du vent ou
de la pluie, tu les rentreras. Tu auras soin enfin, pendant
le premier âge, de les abriter contre les rayons du soleil.
A l'âge de quinze jours, tu mêleras de la laitue hachée,
des orties et de l'herbe de pré à leur pâtée ordinaire, faite
habituellement avec de la farine d'orge et du lait.

Méfie-toi de la pluie et du brouillard, qui affaiblissent
singulièrement les dindonneaux, et donne-leur, dans la
circonstance, un peu de mie de pain trempée dans du
vin, pour les fortifier.

En somme, tout compte fait, attends-toi à deux mois
de soins minutieux. Au bout de ce temps la jeune volaille
prendra le rouge. C'est encore un mauvais moment à passer. Tu ajouteras alors des jaunes d'œufs, un peu de vin,
de la farine de froment et du fenouil haché à la nourriture ordinaire, et, une fois le *rouge pris*, tu auras droit au
repos. De faibles qu'ils étaient, les dindonneaux deviennent robustes, et on peut les envoyer sans crainte pâturer
dans les friches, les prés, les éteules et les vignes, après
les récoltes, bien entendu.

Quand les dindonneaux auront six mois environ, c'est-
à-dire à l'approche de l'hiver, tu songeras à les engraisser,
et, à cet effet, tu les enfermeras dans un lieu sombre, sec
et aéré, et tu leur donneras à discrétion un mélange de

pommes de terre cuites et de farine d'orge, ou de sarrasin ou de maïs. Tu renouvelleras cette nourriture tous les matins. Au bout d'un mois, tu compléteras l'engraissement en leur faisant avaler des boulettes de farine d'orge. Il y en a même qui leur font avaler des noix avec la coque. Le premier jour, on leur en donne une, le second deux, le troisième trois, et ainsi de suite. En Provence, les éleveurs s'arrêtent à quarante noix ; autre part, on va jusqu'à cent. Les dindons digèrent très-bien cette nourriture ; mais, au dire des connaisseurs, elle communique à la chair une saveur huileuse.

Tu sauras que certains cultivateurs, au lieu de s'occuper de l'engraissement complet, se bornent à acheter des troupeaux de dindons maigres au moment de la moisson et les nourrissent parmi les éteules, avec le grain perdu. D'autres encore achètent des dindons maigres, alors que les limaces ravagent les emblaves d'automne, et les envoient parmi les seigles. Au bout de quelques semaines, les dindons engraissés avec ces limaces sont revendus un franc cinquante et deux francs de plus qu'ils n'ont coûté. Double profit : limaces en moins, argent en plus.

Les dindonneaux sont sujets à plusieurs maladies. Aussitôt qu'ils sont éclos, on remarque à la pointe supérieure du bec un petit bouton jaunâtre. Tu l'enlèveras avec une épingle. Plus tard, ils peuvent être atteints de la pépie. Dans ce cas, tu les traiteras comme les jeunes poulets. La goutte et la diarrhée ne les épargnent pas toujours, tu leur appliqueras les mêmes remèdes qu'aux poules.

Je te dirai que les fermières brabançonnes ont une recette à elles pour prévenir la pépie chez les dindes et arrêter la diarrhée : elles prennent trois ou quatre plants de grand plantain, feuilles, racines et graines, qu'elles font qouillir dans un demi-litre d'eau et réduire à moitié ; puis elles mettent une cuillerée à bouche de cette décoction dans un litre d'eau bouillie et se servent de l'eau en question pour élever cette volaille.

L'affection la plus dangereuse qui atteigne les dindonneaux est désignée sous le nom de *bouton*. On la dit contagieuse. Aussitôt que ce bouton se déclare dans l'intérieur du bec et le cou de l'animal, on doit l'éloigner des autres, lui administrer du vin chaud et une nourriture plus fortifiante.

La chair du dindon est avec raison très-estimée. La dinde a le mérite d'être une excellente couveuse que l'on emploie pour l'incubation des œufs de poule, d'oie et de cane. Ses œufs, sans être délicats, ne sont cependant pas de mauvaise qualité ; mais, comme elle en pond très-peu, on ne les consomme pas : on en tire parti pour la reproduction.

PINTADE. — Je ne considère pas l'éducation des pintades

Pintade.

comme avantageuse ; c'est un oiseau de luxe, encore un peu sauvage, très criard, très coureur et ne vivant pas d'ordinaire en bonne intelligence avec les autres volailles. La pintade, il est vrai, est une pondeuse par excellence, qui peut donner cent œufs et au delà par année, quand on les lui enlève au fur et à mesure de la ponte; mais, comme elle ne pond pas volontiers au poulailler, elle exige trop de surveillance. C'est fâcheux, car les œufs en question sont délicieux.

Par cela même que la pintade pond longtemps, elle ne peut couver que très-tard. C'est donc aux poules qu'il faut confier la couvée. Les pintadeaux, qui ont beaucoup de ressemblance, dans leur jeune âge, avec les petits perdreaux rouges, sont tout aussi difficiles à élever que les dindonneaux et demandent exactement les mêmes soins.

La chair de pintade est recherchée et mérite de l'être; elle a un goût de gibier.

La pintade détruit beaucoup d'insectes nuisibles et respecte fruits et légumes.

LA LAITERIE ET SES PRODUITS.

Les ménagères qui s'entendent bien aux choses de la laiterie ne sont pas communes. Sur la centaine, nous ne sommes pas toujours sûr d'en trouver une, rien qu'une, qui sache tout ce qu'il faut savoir pour avoir bon lait, bonne crème, bon beurre et bons fromages. Il y a toute une science là-dessous, science que l'on enseigne aux hommes, mais que l'on n'enseigne point aux femmes. C'est tourner le dos au sens commun, j'en conviens; mais que veux-tu? en plus d'un cas, les gens ont ainsi fait les choses, et ce n'est pas en vingt-quatre heures que nous remettrons l'envers à l'endroit. Commençons le travail aujourd'hui, d'autres le continueront demain, et ceux qui viendront après nous essayeront de le finir.

Écoute d'abord :

Le lait aime le calme, le demi-jour plutôt que la lumière, la fraîcheur, la propreté, l'air pur et une température égale.

Par conséquent, tu éloigneras le plus possible la laiterie de la cour et de la rue, à cause du passage des voitures qui remuent toujours un peu le sol et font frissonner les vitres.

Par conséquent encore, tu placeras la laiterie dans une cave ou dans un lieu faiblement éclairé par de petites fenêtres, et jamais à l'exposition du midi.

Par conséquent encore, les murs seront blanchis à l'eau de chaux, les planches des rayons seront en parfait état de propreté, les dalles lavées et épongées plusieurs fois par semaine, et, afin de maintenir dans la laiterie un air pur et une température égale, tu n'y entreras ni avec des chaussures malpropres, ni avec des lampes fumeuses ; tu n'y laisseras point de fromage fort, point de vieux petit-lait sur la pierre aux égouts ; tu te méfieras du voisinage des fumiers et des éviers qui puent, et tu éviteras les allées et venues qui ne sont pas indispensables au service, car plus souvent on ouvre et ferme la porte de la laiterie, plus souvent on agite l'air et renouvelle la température.

Remarque bien ceci, mon enfant : les pays renommés pour leurs laiteries le sont ordinairement aussi pour leur propreté. Questionne ceux qui ont vu la Hollande, les Flandres belges, la Flandre française, le pays de Bray, le Jura, la Suisse, et ils te répondront : C'est la pure vérité ; dans ces contrées-là, les maisons ont un air de fête, tout y reluit, en dehors et en dedans ; le cuivre, le fer et l'étain font miroir, les meubles de bois aussi, à force d'avoir été frottés ; les gens font, de leur côté, plaisir à voir : la misère elle-même n'a rien qui répugne ; elle se lave, se rapièce et se brosse. Telle pauvre femme n'est habillée que de morceaux rajustés, mais ces morceaux tiennent ensemble et ont de la fraîcheur.

Pas de propreté, pas de laiterie ; voilà la loi.

Et ce n'est pas seulement de la propreté sur les personnes qu'il s'agit, il s'agit encore de la propreté des ustensiles à l'usage du lait. Ainsi, tous les jours tu laveras les vases de

bois avec de l'eau chaude, après quoi tu les frotteras avec
du sable fin ou de la terre glaise ; enfin, tu les rinceras à
l'eau froide, tu les brosseras avec une brosse de chiendent
ou de poils de cochon, afin qu'il ne reste rien dans les rai-
nures, et tu les feras sécher au soleil, ou, à défaut du soleil, devant un feu doux. Tu laveras avec les mêmes soins
les vases destinés à la traite, les filtres qui servent à passer
le lait, les barattes, les moules à fromages, les cuillers ou
les coquilles qui servent à lever la crème, les terrines, en
un mot tout le mobilier ordinaire de la laiterie.

Ces précautions, qui te paraîtront peut-être extrêmes,
sont indispensables, crois-le bien. Pour peu qu'il reste de
lait, de crème ou de fromage dans les angles ou les jointures des vases, la fermentation se produit, l'aigreur se
fait, puis les produits se conservent mal et se gâtent sans
que l'on sache pourquoi.

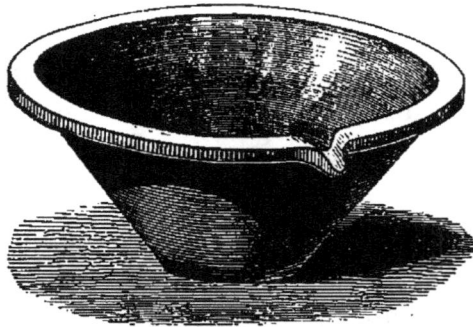

Terrines à lait.

A présent que je t'ai indiqué les mesures de propreté, je
vais te parler de la forme des terrines qui reçoivent le lait,
après la traite. Il y a des ménagères qui n'y regardent pas
de très-près et qui font flèche de tout bois. Tu ne les imiteras point. Il y a un choix à faire parmi ces terrines : les
meilleures sont celles qui, en été, refroidissent le lait le
plus promptement ; les plus mauvaises, par conséquent,
sont celles qui le refroidissent le plus tardivement. Or, le

lait se refroidit d'autant mieux qu'il offre à l'air une plus large surface et que sa couche est moins profonde. On a donc intérêt à prendre des vases larges et peu élevés. Dans le pays de Bray, ces vases ont quarante centimètres de diamètre en haut, seize centimètres en bas, et dix-neuf centimètres de profondeur : on les dit bons cependant ; mais il nous semble qu'il y a mieux, et, pour notre compte, nous donnerions la préférence à ces baquets de bois blanc qui n'ont que cinq à huit centimètres de profondeur sur soixante-dix à quatre-vingt centimètres de diamètre. Seulement, pour être juste, je te ferai remarquer que les baquets en question sont faits de plusieurs pièces, qu'il s'y trouve des jointures difficiles à nettoyer, et que l'on perd plus de temps à les rincer que lorsqu'il s'agit de terrines en terre vernissée.

Les Anglais et les Américains, qui s'entendent parfaitement aux choses de la laiterie, et qui savent très-bien que plus le refroidissement est rapide en été, plus la montée de la crème est rapide aussi et complète, ont remplacé les vases de terre et de bois par des vases de zinc, de plomb et d'étain. Si ces métaux-là ont leurs avantages, ils ont en même temps leurs inconvénients ; aussi je ne te conseille point de t'en servir.

Une fois la crème levée, il s'agit de la mettre à part pour la vendre ou la convertir en beurre, selon les usages et les pays. J'en sais qui, à cet effet, prennent tout bonnement les premières jattes qui leur tombent sous la main et les remplissent. Dans une grosse ferme, et quand les vaches laitières sont en nombre, le mal n'est pas grand ; mais dans les petites exploitations, alors qu'il faut attendre plusieurs jours et souvent plus d'une semaine avant de battre le beurre, il y a lieu de craindre que la crème ne s'épaississe, ne jaunisse et ne rancisse. Le cas arrivant, on a toutes les peines du monde à obtenir le beurre ; quand on l'a obtenu, il est ordinairement de mauvaise qualité.

Il n'y a que la crème fraîche et molle qui donne sans peine du beurre de qualité supérieure. Eh bien, au lieu de te servir de jattes, mets ta crème, au fur et à mesure de la levée, dans des vases élevés et à col étroit : de cette manière, l'air agira difficilement sur elle ; elle n'épaissira pas vite, ne jaunira pas et ne rancira pas.

Ce sont là de biens petits détails ; mais ces petits détails ont une grosse importance, et c'est parce qu'on les ignore ou qu'on les dédaigne que l'on a si souvent à se plaindre des produits de la laiterie.

Plus d'une fois, sans doute, tu as vu de pauvres ménagères se fatiguer, s'essouffler à battre de la crème sans réussir à faire prendre le beurre. Elles en accusent habituellement la mauvaise chance ou les sorciers, quand elles ne devraient s'en prendre qu'à elles seules. Le sorcier, c'est la vieille crème ; le sorcier, c'est encore parfois la température. S'il fait trop chaud, le beurre se fait mal ; s'il fait trop froid, le beurre se fait mal encore. Il y a un degré qu'il convient d'observer ; plus haut ou plus bas, on échoue. Une température de quinze à seize degrés de chaleur me semble favorable au battage du beurre, et, pour l'atteindre, il convient de réchauffer la baratte en hiver avec de l'eau chaude, et de la rafraîchir en été avec de l'eau froide, soit au moyen d'un baquet, soit au moyen d'un linge mouillé. Enfin, pour ne pas se tromper sur le degré de température et agir à peu près sûrement, toute ménagère doit avoir un thermomètre dans sa laiterie, et qui dit thermomètre dit un petit instrument de verre, creux, dans lequel il y a de l'esprit-de-vin ou du vif-argent qui monte dès qu'il fait chaud et descend dès que le froid se fait sentir. Ce sera l'affaire de deux francs ou deux francs cinquante au plus, et tu en auras pour l'éternité.

Puisqu'il s'agit de beurre, je te dirai qu'il y a des barattes de toutes sortes, de toutes formes et de toutes gran-

deurs. Pour ceux qui ont de l'argent, on assure que la
baratte suédoise mérite la préférence ; ceux qui n'en ont
guère, et je te suppose du nombre, feront bien de s'en
tenir à la baratte commune de leur pays.

Assez généralement, on s'imagine que, pour être bon, le
beurre doit être très-jaune ; en sorte que, pour le mieux
vendre, nos ménagères s'attachent à obtenir la couleur en
question. Pour cela, elles laissent vieillir la crème, au risque de passer deux ou trois heures ensuite à la battre ; ou
bien, lorsqu'elles ont affaire à de la crème fraîche, elles
la colorent avec un peu de jus de carotte ou de fleurs de soucis. Les connaisseurs seuls ne rebutent pas le beurre blanc.

L'important dans la préparation du beurre, c'est de bien
le laver au sortir de la baratte, et jusqu'à ce que l'eau de
lavage ne blanchisse plus. Il convient de n'y laisser ni petit-
lait ni débris de fromage qui fermentent vite et rendent le
beurre fort.

Ainsi pressé, le beurre se conserve bien, et, lorsqu'en
temps chaud il devient utile de prolonger sa conservation
et de le maintenir frais, il suffit de le placer dans une assiette creuse, avec de l'eau froide, de recouvrir cette première assiette d'une seconde et de verser de l'eau en dessus
pour empêcher l'air de passer à leur point de réunion.
Chaque jour tu changeras cette eau, sans découvrir le
beurre, et tu n'auras qu'à t'en féliciter.

Si tu veux garder le beurre des semaines et des mois durant, tu le saleras avec du sel blanc très-fin, ou bien tu le
fondras pour les besoins de la cuisine.

Un dernier mot sur la préparation du beurre : si les uns
ne prennent que la crème et la battent, d'autres, comme
dans le nord de la France et les Flandres, prennent le lait
refroidi et le battent sans lever la crème. Ce dernier moyen
me paraît tout aussi bon et même meilleur que le premier,
mais à la condition d'employer le babeurre qui reste

dans la baratte en grande quantité. Les uns le recherchent et avec raison; les autres le rebutent, et ont tort; mais enfin, il faut tenir compte des goûts et des usages des populations au milieu desquelles on se trouve.

Quand on a séparé la crème du lait, il ne reste plus que le fromage à séparer du petit-lait. C'est ce que l'on fait avec de la présure ou un acide quelconque, afin d'aller plus vite en besogne, car rien qu'avec le temps la séparation se ferait toute seule. La présure dont on se sert le plus communément est préparée avec l'estomac de jeunes veaux et le lait caillé qui s'y rencontre. Il y a diverses manières de procéder à cette préparation. En Suisse, les ménagères prennent l'estomac du veau ou caillette, le débarrassent du lait, le salent un peu en dedans, le soufflent et le font sécher doucement. Après cela, une semaine avant de s'en servir, elles mettent la caillette en petits morceaux et la font macérer dans du petit-lait ou dans de l'eau tiède avec un peu de sel. Au bout de quatre ou cinq jours, elles enlèvent les petits morceaux d'estomac et ne conservent que le liquide qui est la présure. Ailleurs, on n'enlève point le lait caillé de l'estomac, on sèche le tout un peu, puis on y verse de l'eau tiède convenablement salée. Au bout de vingt-quatre heures, on filtre le liquide et la présure est faite.

Autre part, on met l'estomac frais dans la saumure légère, et on l'y laisse vingt-quatre heures et plus avant de se servir du liquide. Dans certains pays, on s'y prend différemment : on sale l'estomac, on le fait sécher, et on le conserve ainsi pendant une année ; après quoi on fait macérer l'estomac en question dans de l'eau avec du citron. Enfin, dans un grand nombre de localités, on vend de la présure toute faite chez les pharmaciens.

Si la présure qu'emploient les femmes de ton pays fait cailler le lait promptement, prends leur recette ; mais n'i-

mite point celles qui jettent des morceaux de caillette dans
les terrines à lait, au risque de donner un mauvais goût.
Tu te contenteras, la veille de t'en servir, de faire tremper
cette caillette dans de l'eau tiède ou dans du petit-lait aigre,
puis tu te serviras de cette eau ou de ce petit-lait de macération pour accélérer la séparation du fromage. On peut,
à ce qu'on dit, rien qu'avec trois centimètres carrés de caillette sèche et salée, préparer de la présure pour cailler cinquante litres de lait.

Une fois la présure dans le lait écrémé, il se produit des
caillots blancs que les hommes de science appellent ca-
séum, et nous autres, tout simplement, fromage. Tu enlèveras ce fromage au moyen d'une écumoire, et il ne restera
plus dans la terrine qu'un liquide jaune verdâtre appelé sé-
rum ou petit-lait. Tu mettras le fromage dans des moules
en terre cuite, en bois ou en fer-blanc, moules ronds ou
carrés, et troués de manière à laisser égoutter le petit-lait
mêlé au caillot, et tu auras ainsi le fromage maigre de médiocre qualité, que nous nommons *fromage à la pie, fromage blanc, fromage tendre, macquée,* etc., etc., etc. ; tu le
vendras ou le consommeras frais, ou bien encore, en ayant
soin de le saler, tu lui donneras le temps de se ressuyer,
de se dessécher jusqu'à un certain point, pour ensuite le
convertir en *fromage fort* de qualité commune. A cet effet,
tu couperas par tranches minces les fromages ressuyés,
et tu les disposeras par tranches dans des pots, en les
salant et en les épiçant. Cela fait, et les pots remplis, tu
recouvriras avec des feuilles de noyer, un linge ou du papier
et laisseras fermenter durant plusieurs semaines avant de
l'entamer.

Si tu veux obtenir, au lieu de fromages grossiers et peu
recherchés, des fromages en renom, comme ceux de
Brie, de Neufchâtel, d'Époisses, de Maroilles, de Herve,
de Gruyère et de diverses autres localités, tu devras écré-

mer faiblement ou ne pas écrémer du tout. C'est ainsi que doivent se faire les fromages gras et délicats. Quelquefois même, pour arriver à la perfection, on ne se contente pas de la crème contenue dans le lait travaillé, on en ajoute encore d'autre.

De même qu'avec de l'engrais en abondance, les plus maladroits font de bons terrains et de bonnes récoltes ; de même aussi les ménagères les moins expérimentées réussiront presque toujours à faire d'excellents fromages gras, pourvu que la crème abonde et soit fraîche.

Il y a, parmi les fromages salés ou de garde, dont nous parlons ici, ceux que l'on prépare à froid et ceux que l'on prépare à chaud. Je te dirai d'abord un mot des premiers, de ceux, bien entendu, qui jouissent d'une réputation méritée et que tu peux avoir intérêt à imiter.

L'un des meilleurs fromages gras que je connaisse est celui d'Époisses, village du département de la Côte-d'Or, et comme sa préparation n'a rien de difficile, je vais te l'indiquer. Et, d'abord, je te dirai la manière de préparer la présure dans la localité. On prend une caillette de veau fraîche et pleine de lait caillé, un litre d'eau-de-vie à vingt et un degrés, cinq litres d'eau ordinaire, trente grammes de poivre noir, deux cent cinquante grammes de sel de cuisine, cinq grammes de girofle et deux grammes de fenouil. On coupe la caillette en trois petits morceaux, on verse l'eau-de-vie dessus, et puis l'eau, le poivre, le sel et le reste. Au bout de quarante ou quarante-cinq jours de macération, et après avoir eu soin de remuer tous les deux ou trois jours, la présure est faite. Il ne reste plus qu'à la filtrer, au fur et à mesure des besoins. Tu verseras une cueiller à bouche de cette présure pour cailler dix litres de lait environ ; dès que le caillé sera formé, tu le verseras dans les moules, et, à mesure que ce fromage égouttera et diminuera de volume, tu rempliras le moule, jusqu'à ce

4

qu'il reste plein. Aussitôt que ton fromage sera ferme, tu le renverseras sur de la paille longue et fraîche, étendue sur des claies. Au bout de vingt-quatre heures, tu auras un fromage frais et gras, bon à servir sur la table, et d'excellente qualité, puisque aucune partie de crème n'a été enlevée du lait avant l'emploi de la présure.

Si tu veux conserver ton fromage pendant quelques jours, tu le saleras ; si tu veux le conserver pour l'hiver, tu le laisseras sur la paille jusqu'à ce qu'il soit devenu assez ferme et d'un maniement facile, puis tu le saupoudreras de sel gris bien fin et frotteras le fromage avec la main et dans tous les sens pour que le sel y pénètre bien. A cet effet, compte sur deux cent cinquante grammes de sel pour cinq ou six fromages. La salaison finie, tu le placeras sur de la paille fraîche et le retourneras toutes les semaines. Dès que la pâte prendra une nuance un peu verte, tu feras de l'eau salée, tu y plongeras la main et en frotteras légèrement le fromage, qui ne tardera pas, après cela, à prendre une teinte rougeâtre. Dans cet état, le dernier degré de la fabrication est atteint. Si tu veux avoir des fromages d'Époisses fermes ou secs, tu les placeras dans des paniers et les suspendras dans un endroit ni sec ni humide ; si tu veux, au contraire, les faire *passer*, c'est-à-dire les rendre coulants, tu les placeras sur du foin ou de la paille d'avoine, dans une cave, ou bien encore tu les enfermeras dans une caisse. Toutefois, tu sauras, pour ta gouverne, que les ménagères les plus habiles ne sont pas toujours sûres de faire passer leurs fromages, ce qui heureusement n'ôte rien à leur qualité.

Le fromage de Herve, le meilleur que je connaisse en Belgique, se rapproche beaucoup de notre maroilles français. J'ai vu fabriquer l'un et l'autre, mais comme je me souviens mieux de la fabrication du herve que de la fabrication du maroilles, je te parlerai du premier seulement.

Si tu veux imiter exactement les fermières du pays de Herve, tu trairas les vaches le plus près possible de l'habitation, si elles vivent au pâturage, afin d'épargner au lait les secousses du transport. Tu filtreras ce lait et en rempliras des terrines parfaitement vernissées à l'intérieur, mettant de côté toutes celles dont le vernis serait écaillé, vu que le lait, dit-on, y contracte un mauvais goût. Aussitôt le liquide refroidi, et sans attendre la montée de la crème, tu pourras y verser la présure pour le cailler, et de cette manière tu obtiendras du fromage de qualité supérieure. Pour en avoir de qualité inférieure, des fromages ordinaires, tu attendras la montée complète de la crème, tu en enlèveras une moitié à peu près, et tu feras cailler ce qui restera dans la terrine, après avoir versé le lait de tous les vases dans un seau de bois blanc, fermé d'un couvercle troué au milieu. Quand ton caillé sera formé, tu l'enlèveras et tu en rempliras des moules en bois, moules de forme carrée, de soixante centimètres de hauteur sur quinze d'ouverture. Puis, au fur et à mesure que le petit-lait s'en ira par les trous du moule et que le caillé se réduira, tu soulèveras ce fromage blanc pour aider l'égouttage et tu rempliras à deux ou trois reprises avec du caillé nouveau.

Trois jours après, quand la pâte sera un peu raffermie, tu renverseras les fromages sur un égouttoir en bois et en pente, et tu les serreras un peu les uns contre les autres au moyen de barres de bois et de coins engagés avec la main. Par ce moyen, le petit-lait restant s'en ira plus vite. Deux ou trois fois dans la journée, tu enlèveras les barres et les coins, tu retourneras les fromages et les serreras de nouveau. Au bout de deux jours, ils seront suffisamment fermes. Alors tu les ôteras de l'égouttoir et les porteras sur une table en bois à rebords. Puis tu prendras à pleines mains du sel gris pilé et tu en frotteras chaque fromage dans tous les sens. Après cela, et au fur et à mesure de la salaison, tu placeras les fromages l'un sur l'autre et deux par deux. Deux jours après, tu saleras comme la première fois et tu empileras les fromages quatre par quatre. Deux jours après encore, tu prendras un seau dans lequel tu mettras de l'eau à la hauteur de 5 à 7 centimètres, tu placeras dans ce seau chacune des piles de quatre fromages et les laveras très-rapidement en ramassant l'eau de bas en haut avec les deux mains et sans défaire la pile. Ce lavage exécuté, tu enlèveras les fromages de la laiterie et les transporteras dans un séchoir, où tu les mettras de champ sur des rayons en bois blanc, de façon qu'ils ne se touchent point. Si l'air circule bien dans ton séchoir et si la saison est favorable, tes fromages seront secs au bout d'une dizaine de jours, et tu reconnaîtras que la dessiccation est arrivée à point, quand, en les frottant avec le pouce, de petites peaux se lèveront et s'attacheront au doigt.

Tout le temps que tes fromages seront au séchoir, tu les visiteras tous les deux jours ; tu les prendras un à un et les frotteras avec la main dans tous les sens, pour empêcher la moisissure de les recouvrir et de les gâter.

Une fois les fromages secs au degré voulu, tu n'auras plus qu'à les faire *passer* ou fermenter plus ou moins rapidement. A cet effet, tu chercheras un coin obscur dans la cave, un coin où il n'y ait pas de courant d'air, tu y établiras des rayons et placeras ces fromages de champ sur ces rayons, l'un contre l'autre. Cela fait, tu les recouvriras de linges trempés dans l'eau ou dans la bière ; tu entretiendras ces linges humides, et, en quelques semaines, tes fromages seront bons à servir. Si tu n'es point pressée, tu ne te serviras pas des linges mouillés en question, tu ne recouvriras point tes fromages, et, abandonnés à eux-mêmes, ils deviendront parfaits après six ou sept mois de cave.

Fromage de Brie. — J'ai encore à te parler de deux excellents fromages gras, de celui que l'on fabrique dans la Brie

et même autre part, et de celui de Neufchâtel, en Normandie. Ils sont l'un et l'autre en grande réputation et la mé-
ritent. Il n'est pas nécessaire que tu sois du pays où on les
fait pour réussir dans leur préparation. Je vais donc t'en
donner la recette en peu de mots. Nous commencerons par
le fromage de Brie.

Et, d'abord, aussitôt après la traite du matin, quand le
lait est encore chaud, filtre ce lait, ajoutes-y de la crème
de la veille, et mets le vase qui le contiendra dans de l'eau
chauffée à 40 degrés. Verse la présure, couvre le vase et
attends que le caillé soit formé. Cela fait, plonge la main
dans le vase en question, remue le caillé, presse-le, puis
retire-le pour le mettre dans le moule, et, une fois dans ce
moule, presse fortement avec la main, et ensuite avec des
poids. Aussitôt le petit-lait sorti, prends une planche, re-
couvre-la d'un linge imbibé d'eau, renverse le fromage
dessus ; mets un linge bien propre dans le moule vide, afin
d'en garnir le fond, reprends aussitôt le fromage renversé
sur la planche, place-le dans le susdit moule et enveloppe-
le bien avec le linge qui déborde. Ainsi enveloppé, place
au-dessus un couvercle et charge-le de poids assez lourds.
Au bout d'une demi-heure, enlève les poids, le couvercle et
le fromage ; débarasse-le de son linge humide pour l'envelopper dans un autre, puis presse de nouveau et change
ainsi de linge de deux en deux heures jusqu'au lendemain
soir, et, à la dernière pressée, quand il ne sort plus de
petit-lait, dépouille le fromage de son linge, laisse-le à nu
dans le moule, replace le couvercle dessus directement, et
charge pendant trois quarts d'heure environ.

Cette opération finie, mets le fromage dans un petit baquet, puis prends du sel bien sec et bien fin et frotte-le
convenablement des deux côtés. Le lendemain, sale de
nouveau ; trois jours plus tard, enlève le fromage du baquet à salaison et porte-le dans une pièce sèche et aérée,

sur des planches ou étagères garnies de paille. Retourne-le de temps en temps, essuie-le avec un linge propre et occupe-toi ensuite de l'affiner, c'est-à-dire de le faire passer, dès qu'il te paraîtra suffisamment sec.

L'affinage n'a rien de difficile. A cet effet, prends une futaille défoncée par un bout, jettes-y de la paille menue ou de la balle d'avoine, sur une épaisseur de cinq à six pouces ; étends le fromage sur cette paille ou cette balle ; recouvre-le d'une nouvelle couche de menue paille ; place sur celle-ci un second fromage, recouvre de nouveau, et ainsi de suite, jusqu'à ce que la futaille soit pleine ou que tu n'aies plus de fromages à affiner. Ceci fait, mets les fromages dans la partie la plus sèche de la cave ou du cellier, et au bout de quelques mois livre-les à la consommation.

Je te dirai que les fromages de cette sorte, fabriqués dans la Brie, ont environ cinquante à soixante centimètres de diamètre, sur vingt-sept millimètres d'épaisseur. Il y en a de plus petits qui n'ont pas plus de trente-trois centimètres de diamètre, qui pèsent d'un kilo à un kilo et demi, et se vendent en temps ordinaire d'un à deux francs.

Autre procédé de fabrication. — Nous devons ce procédé, plus simple que le premier, à l'obligeance de madame Delobel, d'Hoogstraeten. Dans un seau de lait nouvellement trait, on verse un peu moins d'une demi-cuiller à bouche de présure, puis on agite pour bien mêler.

Cela fait, on étend une natte de paille, d'herbe fine ou de jonc sur un égouttoir en bois, et l'on place un moule rond sur la natte. Ensuite, on enlève le caillé du seau, on lui donne le temps de se réduire en égouttant, affaire de quelques minutes, après quoi l'on remplit de nouveau, et l'on couvre avec une natte et un essuie-mains par-dessus. On laisse égoutter pendant dix-huit heures environ ; puis, on enlève la forme, on change les paillassons et on sale d'un côté avec une pincée de sel ; le lendemain, on salera de l'autre côté, et ainsi deux jours de suite.

Il ne reste plus qu'à descendre le fromage de Brie dans la cave, pour qu'il y mûrisse, et à changer les paillassons tous les jours. Dès qu'une mousse bleuâtre paraît, on doit l'enlever doucement avec le dos d'un couteau.

On reconnaît que le fromage est mûr, à la teinte jaunâtre qu'il prend, au bout de quinze jours ou trois semaines en été.

Voilà un mode de fabrication à la portée de tout le monde et qui donne, je le garantis par expérience, d'excellents produits.

A défaut de moules particuliers, pourquoi ne se servirait-on pas de cercles de tamis, où l'on ouvrirait des trous de loin en loin avec une petite vrille ou un fer rouge?

Fromage de Neufchâtel ou *bondon*. — Celui-ci, pour la finesse, suit de très près le précédent, et me paraît d'une fabrication plus facile encore. Sur ce point, je n'ai rien vu, mais je m'en rapporte à un homme du pays, qui a traité de la fabrication des bondons, il y a quelques années. Je ne te rappellerai pas ses propres mots ; je ne t'en donnerai que la substance, et la voici : — Prends du lait de vache, comme pour les autres fromages gras dont il a été parlé précédemment, passe-le tout chaud dans un filtre quelconque, et ainsi filtré, verse-le dans des pots ou cruches de grès de la contenance d'environ vingt litres ; mets la présure ensuite, et enferme les pots ou les cruches dans des caisses de bois que tu recouvriras de laine. Dans la matinée du troisième jour, prends un panier d'osier parfaitement propre et garni de linge à l'intérieur, place ce panier sur la pierre ou la table à égoutter, verse dedans le contenu des pots, caillé et petit-lait ; laisse égoutter jusqu'au soir, retire le fromage du panier, enveloppe-le d'un linge, et mets-le sous presse pendant un jour. Le lendemain au matin, change le fromage de linge, pétris-le de ton mieux pour que le fromage et sa crème se mêlent bien et que la pâte devienne moelleuse comme du beurre. Cela fait, presse de nouveau, non pas brusquement, mais en ajoutant des poids de temps en temps.

Une fois le petit-lait complétement dégagé de la pâte, prends cette pâte et bourres-en des cylindres de fer-blanc de cinq centimètres et demi de diamètre sur six centimètres de longueur, et de façon à les remplir exactement. Après cela, sors le fromage du moule, prends une livre de sel fin pour une centaine de fromages, saupoudre-les de ce sel en commençant par les deux extrémités, puis frotte avec la main, de manière à ce que le sel pénètre partout. Au fur et à mesure de la salaison, dépose chaque fromage sur une planche supportée par la table aux égouts ; laisse égoutter jusqu'au lendemain, enlève la planche chargée de bondons et porte-la sur des claies recouvertes d'un lit de paille fraîche. Enlève les fromages de dessus la planche, dispose-les par rangs sur les claies, en travers ou sur de la paille, très-rapprochés l'un de l'autre, mais ne se touchant point.

Placés de la sorte, retourne assez souvent tes bondons, afin de les empêcher de se coller à la paille, et attends quinze jours ou trois semaines avant de les enlever. Le bon moment, c'est quand le dessus du fromage a une apparence veloutée et bleuâtre. Alors, porte-les dans une pièce à part et place-les debout sur de nouvelles claies garnies de paille sèche. Aie soin de les retourner par intervalles, et, au bout de trois semaines environ, tu verras de petites marques rougeâtres **se dessiner** sous la peau bleue. Ce sera le moment de les mettre en vente. L'affinage ne sera complet qu'une quinzaine plus tard.

Tous les bondons que l'on mange à Paris et ailleurs ne sont pas affinés ; la plupart sont frais et n'en sont pas moins recherchés pour leurs qualités. Il y a peut-être plus de profit à les vendre ainsi qu'à les affiner. Tu y songeras donc, et, dans le cas où tu serais de mon avis, il te suffira de donner un demi-sel, c'est-à-dire de saler légèrement les fromages au sortir du moule, puis de les envelopper de papier joseph mouillé, avant de les porter ou de les envoyer au marché.

A propos du moulage des bondons, il n'y a guère que les ménagères du pays de Neufchâtel qui sachent se servir habilement des moules en fer-blanc dont je te parlais tout à l'heure. Il y a des tours de main, de ces petits détails de pratique qui rebutent souvent les personnes étrangères, parce qu'ils exigent un apprentissage assez long. La fabrication des fromages de Neufchâtel présente quelques-unes de ces difficultés, mais il y a lieu de croire qu'il serait aisé de les lever. Ainsi, on pourrait se procurer des moules en fer-blanc, partagés en deux moitiés égales dans leur longueur, et rapprochés au moyen d'anneaux qu'on enlèverait après le moulage. Ainsi encore, on pourrait chasser le fromage du moule à l'aide d'un refouloir. Ces deux procédés que je te signale mettraient la fabrication des bondons à la portée des ménagères les plus inexpérimentées.

Fromage de Livarot. — Ce fromage, mou et salé, que l'on prépare en Normandie et qui jouit d'une grande réputation, ne se fabrique plus à froid comme ceux dont je t'ai entretenue jusqu'à ce moment. Ce n'est pas tout à fait non plus un fromage cuit comme le gruyère ou le hollande, il tient le milieu entre les uns et les autres.

Écoute bien ceci, c'est en deux mots la recette du fromage en question : — Prends le lait de la traite du soir, chauffe-le jusqu'à l'ébullition, puis verse dans ce lait bouillant le lait de la veille et de l'avant-veille, après que tu l'auras écrémé. Mélange bien le tout, tourne le lait chaud et le lait froid dans tous les sens, et après cela enlève la chaudière du feu, verse le contenu dans un baquet et laisse refroidir doucement. Avant que le refroidissement

soit complet, et alors que le lait est encore tiède, mets la
présure, puis recouvre le baquet d'un linge ; le caillé se
séparera vite du petit-lait, et tu n'auras plus qu'à le bien
diviser avec une espèce de couteau de bois, à l'enlever ensuite et à le faire égoutter, soit sur de la paille nattée, soit
sur des tresses de jonc. Une fois le petit-lait égoutté en
partie, tu mettras le fromage dans des moules, afin de terminer l'égouttage. Ceci fait, tu frotteras le livarot avec du
sel fin sur toutes les faces et le laisseras fermenter lentement sur de la paille renouvelée deux fois par semaine. Au
fur et à mesure de ce renouvellement, tu frotteras de nouveau les fromages avec du sel, pour les conduire à point et
les rendre d'une conservation facile.

Fromage fort. — Toute ménagère doit connaître la fabrication de ce qu'on appelle dans les campagnes fromage
fort, car il est d'une grande ressource pour l'hiver. Pour
le faire, il y a diverses méthodes, selon les pays ; mais l'une
des meilleures que je connaisse est celle du Morvan. —
Prends du fromage maigre, bien ressuyé d'abord, puis des-
séché à l'air et au soleil, soit dans une cage, soit sur l'en-
tablement d'une fenêtre, comme cela se pratique dans la
plupart des villages. Pèle délicatement ces fromages, afin
d'enlever les parties coriaces ou moisies ; et, après cela,
coupe-les l'un après l'autre en tranches très-minces, ou,
ce qui vaut mieux, râpe-les avec une râpe ordinaire. De ces
tranches ou de ce fromage râpé, forme un lit assez mince
au fond d'un pot de grès ou de terre vernissée ; saupoudre
de sel, de poivre et d'épices ; sur cette première couche,
verse un peu de crème et râpe du fromage de gruyère. Ensuite, reviens à un nouveau lit de fromage maigre, que tu
épiceras et saleras comme celui du dessous ; ajoute également crème et gruyère, et ainsi de suite jusqu'à ce que le
pot soit rempli. Une fois plein, arrose le dessus d'un verre
de vin blanc ou, à défaut de vin blanc, d'une petite quantité

d'eau-de-vie ; recouvre de feuilles de noyer ou tout simplement d'une feuille de papier épaisse, mets un morceau de planche par-dessus pour empêcher les souris ou les insectes de s'y introduire et laisse fermenter. Au bout de quinze jours ou trois semaines de fermentation, tu pourras commencer la consommation du fromage fort.

Tu sauras que le fromage, ainsi préparé, n'est point une nourriture économique. Aussi, dans nos campagnes, on se borne à employer le fromage maigre, sans addition de crème ni de gruyère. On le dispose lits par lits avec du sel, du poivre et des épices, et, au bout d'un mois environ, on le livre à la consommation. Il n'a pas, à beaucoup près, la délicatesse du premier ; il devient dur, cassant, d'une saveur forte et d'une odeur ammoniacale très-prononcée.

Tantôt, on le mange seul ; tantôt on lui adjoint du fromage mou, salé et poivré.

Je n'en finirais pas si je voulais t'entretenir des autres sortes de fromages préparés avec le lait de vache. Chaque contrée a son fromage en renom et de qualité particulière, en raison des procédés employés, mais je n'en connais pas de supérieurs à ceux indiqués dans ce chapitre. Si je ne te dis rien des fromages cuits, et en particulier du fromage de Gruyère, c'est qu'il faut des masses considérables de lait pour fabriquer des pains d'un volume ordinaire, et qu'on ne peut réellement s'en occuper que dans de très-grandes exploitations ou dans des *fruitières* qui sont des associations de cultivateurs. En revanche, voici la manière de fabriquer un autre fromage cuit : fromage d'Édam ou de Hollande.

Voici une table et sur cette table un baquet. Tu y verses vingt-quatre litres de lait chaud, tout frais trait et filtré, pour obtenir un fromage qui pèsera un peu plus de trois livres et demie. Tu ajoutes à ce lait une cuillerée à bouche de bonne présure, pas davantage ; tu couvres le baquet d'un linge et tu attends.

Au bout d'une heure environ, le caillé est formé, la masse est compacte. Tu prends alors une assiette plate ordinaire que tu tiens de champ, de manière à diviser le caillé avec le bord, comme avec un couteau, à l'enlever sur l'assiette en inclinant celle-ci, et à laisser ensuite glisser et retomber naturellement. Par cette manœuvre constamment répétée, le caillé, qui retombe de l'assiette dans le baquet, se divise assez vite, et la division est estimée complète quand les grumeaux sont à peu près du volume d'un pois. Si les morceaux étaient plus gros, la cuisson se ferait inégalement et l'opération serait manquée.

Cela fait, tu verses lentement de l'eau bouillante dans le baquet et tu agites, tu remues le fromage avec l'assiette, de manière à favoriser l'action de l'eau sur toutes les parties. Quand le caillé se réunit et commence à former corps, tu cesses de verser l'eau bouillante et tu frappes avec le plat de la main contre les parois intérieures du baquet pour que la pâte n'y adhère point.

Au bout de quelques minutes, le caillé se dépose et le petit-lait mêlé de crème surnage. Dès que le dépôt est achevé, tu enlèves avec l'assiette le petit-lait surnageant, avec la précaution de ne pas introduire de grumeaux, et tu suspends ce décantage dès que tu approches la pâte de trop près.

Tu fais chauffer le petit-lait enlevé jusqu'à ce qu'il bouille ; puis tu le reverses doucement dans le baquet ; tu remues de nouveau avec l'assiette, et, une fois le mélange opéré, tu frappes les douves avec la main pour précipiter le dépôt du caillé troublé. Aussitôt ce dépôt formé de rechef, tu retires, comme précédemment, une partie du petit-lait qui surnage, tu le chauffes, mais sans le conduire jusqu'à l'ébullition ; tu le reverses encore dans le baquet et tu remues avec l'assiette afin d'achever la cuisson du fromage. Cette cuisson est arrivée à point lorsqu'en passant le caillé dans la main il forme bien la pâte.

Tout ceci, note-le, est plus long à décrire avec la plume qu'à manipuler dans une laiterie.

Ta pâte est donc cuite. Tu prends un tamis de crin et le places au-dessus d'un baquet vide ; puis, dans ce baquet et sous ce tamis par conséquent, tu mets un moule en bois, troué çà et là, et de la forme des anciens gobelets à pied. Tu prends cette précaution, afin de l'arroser de petit-lait et de communiquer le goût du fromage au bois. Tu mets la pâte dans le tamis ; tu la presses de ton mieux pour bien l'égoutter, et la replaces après cela dans le premier baquet pour la reprendre de suite, la broyer dans un moule et compléter l'égouttement. Cela fait, tu la remets dans un moule définitif et la presses encore vigoureusement avec les mains pour l'obliger à dégorger par les trous.

Les eaux qui sortent du fromage ainsi malaxé et pressé contiennent de la crème qui monte au-dessus du petit-lait. On l'enlève et on la mêle au lait destiné à être battu pour la fabrication du beurre.

Quand le fromage a été fortement pressé dans le moule, tu l'enlèves et le replaces dans le moule, mais du côté opposé, afin de régulariser les formes en le pressant de nouveau. La pression achevée, tu l'ôtes encore, afin de déboucher les trous du moule que la pâte a obstrués, et le remets dans sa première position. Puis, tu couvres avec une rondelle de bois, d'un diamètre un peu inférieur à celui de l'orifice du moule, et tu charges cette rondelle ou couvercle d'un poids de trois livres.

Durant une demi-journée, tu retournes le fromage toutes les heures afin de mettre le dessous dessus, et *vice versâ*, après cela, tu le laisses passer la nuit dans la forme.

Le lendemain, tu charges le fromage d'un poids de quatre livres, et, au bout de quelques heures, tu le plonges dans de l'eau assez salée pour qu'un œuf frais n'aille pas au fond du vase. Tu laisses le fromage dans ce bain pendant vingt

5

ou vingt-quatre heures, et, en le retirant, tu l'essuies avec un linge passé à l'eau tiède salée et préalablement tordu.

Tu renouvelles cette opération avec le linge deux fois par jour, matin et soir, pendant une semaine. Ensuite, tu te bornes à essuyer le fromage tous les matins avec une serviette sèche, afin d'empêcher la moisissure.

Au bout de six semaines, le fromage d'Edam est bon à manger. Dans tout ce qui précède, il n'y a rien, je pense, d'énigmatique. Les plus humbles d'esprit s'y retrouveront aussi bien que les ménagères les plus intelligentes. L'important dans cette préparation, c'est de ne point négliger les petits détails qui la terminent. En apparence, ils sont superflus ; en réalité, ils sont indispensables.

Les fromages de la Hollande n'ont rien qui les distingue essentiellement des fromages de nos pays. Ce n'est point la nature des herbages qui donne aux fromages hollandais, tête de mort ou d'Edam, ce cachet particulier qui les caractérise entre tous ; c'est tout bonnement le mode de préparation. Qu'une ménagère française ou belge suive exactement, à la lettre, les renseignements qui précèdent, et les produits qu'elle obtiendra ne différeront en rien de ceux de la Hollande.

Fromage du Mont-Dore. — Le lait des vaches, sache-le bien, n'est pas le seul propre à la fabrication du fromage. On peut en faire avec le lait de chèvre seul, comme pour celui du Mont-Dore, ou bien avec celui de chèvre et de brebis réunis, comme pour celui de Roquefort, ou bien encore avec un mélange de lait de chèvre, de brebis et de vache, comme pour le Sassenage. Malheureusement, le fromage de Roquefort, si recherché à juste titre, présente des difficultés de fabrication, ou plutôt une complication de détails qui ne sauraient te convenir ; de son côté, le sassenage, par cela même qu'il exige trois sortes de lait, ne saurait convenir non plus à la plupart de nos ménagères. Il n'y a donc guère que le fromage de chèvre ou du Mont-Dore qui puisse t'intéresser.

Voici la manière de le préparer : Prends le lait de chèvre en question, verses-y de la présure en hiver lorsqu'il est tout chaud, ou en été après une ou deux heures de refroidissement. Dans le premier cas, ce lait caillera au bout d'une demi-heure, et dans le second cas moitié plus vite. Enlève le caillé ou fromage et mets-le dans des petits moules en terre cuite criblés de trous, ou dans des moules en paille. Il se ressuiera vite, si vite qu'au bout d'une demi-heure en été et de deux heures en hiver, tu pourras le saler, puis le retourner cinq ou six fois par jour sans le déformer. En été, il deviendra ferme en vingt-quatre heures, en hiver au bout de trois ou quatre jours. Et, une fois bien ferme, tu le mettras dans des paniers à jour et le suspendras au plancher dans une pièce fraîche ; en lieu trop sec, il deviendrait cassant, très-dur et de qualité médiocre. Pour le faire passer convenablement, tu le mouilleras avec du vin blanc, tu le recouvriras d'un peu de persil et le renfermeras entre deux assiettes creuses.

Un mot encore, un seul, sur les produits de laiterie. Ils ne sont pas tous d'un égal rapport, ne l'oublie point. La vente du lait rapporte plus que celle du beurre, et celle du beurre plus que celle du fromage gras. Donc, dans le voisinage des villes, vends ton lait, ne fais guère de beurre et encore moins de fromages.

LE JARDIN POTAGER.

Nous ne vivons pas uniquement de pain et de viande ; nous vivons de légumes aussi, et ce que nous dépensons en légumes, nous l'économisons d'autre part. Le potager est donc indispensable à la ferme.

Malheureusement, quand on en parle aux hommes, ils

n'entendent point raison, tout simplement parce qu'ils
n'en comprenent pas l'importance, ou qu'ils ont de plus
grandes affaires en tête. D'un autre côté, les bons jardiniers ne sont pas communs, ne se rencontrent guère au
village et se font payer si cher qu'il n'y faut point songer.
C'est pour cela que Mathieu de Dombasle écrivait un jour :

« Je ne connais qu'un moyen pour la culture économique d'un jardin dans une ferme, c'est que la fermière en
prenne elle-même la direction... Personne ne connaît
mieux qu'elle les besoins du ménage en légumes divers et
pour chaque saison de l'année, en sorte que personne n'est
plus à portée qu'elle de diriger les cultures de manière à
assurer un approvisionnement constant. Aussi, si l'on rencontre une ferme qui se fait distinguer par un jardin potager plus étendu et plus soigné que les autres, que l'on
prenne des informations et l'on reconnaîtra toujours que
c'est la ménagère qui en dirige la culture. A toutes celles
qui voudront prendre ce soin, ajoutait Mathieu de Dombasle, je promets la plus agréable distraction à leurs travaux
intérieurs, et une source de bien-être pour le ménage et
de jouissances pour elles-mêmes, qui feront bientôt pour
elles, de la culture du jardin, l'occupation la plus douce et
la plus attrayante. »

Voilà, mon enfant, de belles et bonnes paroles ; ne les
oublie pas. Tu auras donc un jardin attenant à la maison,
et tu le soigneras aux heures de loisir. Tu y gagneras plus
et t'en trouveras mieux sous tous les rapports qu'à écouter
ou à entretenir le caquetage des commères.

Les gros travaux du jardin sont au-dessus de tes forces ;
tu laisseras donc aux hommes le soin de bêcher avant l'hiver et de transporter les engrais. Ils ne s'y refuseront pas.

Ce qu'ils te refuseront, c'est le fumier. Ils en sont
avares, car ils n'en ont jamais assez pour leurs champs.
Mais que ceci ne t'arrête point, il y a moyen de sortir

d'embarras. Tu te procureras à bas prix trois ou quatre futailles moisies et de rebut, de celles qui ne conviennent plus que pour être démolies et mises au feu ; tu les feras cercler solidement avec du fer par le maréchal de l'endroit, après les avoir défoncées par un bout. Après cela, tu feras enterrer l'une de ces futailles au fond de l'étable aux vaches, et t'arrangeras de façon qu'une rigole en pente douce y conduise les urines qui se perdent et font mare sous la litière. Tu placeras une seconde futaille en lieu couvert, et tu y jetteras chaque semaine la colombine de la volaille. Tu garderas la troisième pour le jardin, et, dès la sortie de l'hiver, tu y mettras quelques fourchées de long fumier qu'on n'osera pas te refuser, des chiffons de laine qui ne manquent jamais et un peu de cendres de bois. Tu rempliras ainsi cette futaille à moitié et tu recouvriras d'eau jusqu'en haut ; puis, au bout d'une quinzaine de jours, tu remueras le tout et tu auras encore un riche engrais liquide que les jardiniers de Paris appellent leur *bouillon.* Tu ne t'en tiendras pas là ; tu ramasseras, à temps perdu, les boues de la cour et de la rue, les balayures de la maison, les fruits pourris, les feuilles pourries, les déchets de légumes qui seront de trop mauvaise qualité pour les bêtes ; tu feras de tout cela un tas et tu l'arroseras avec l'eau de fumier qui se perd, avec l'eau de l'évier qui se gâte et pue sous les fenêtres, avec l'eau de savon et de lessive enfin, dont tu fais si peu de cas, et, de cette façon, au bout de quelques mois seulement, et presque sans peine, tu auras plus d'engrais à répandre sur ton potager que n'en ont les hommes pour leurs champs.

Ce principal obstacle levé, tu te procureras une bêche, une serfouette, une petite ratisssoire à pousser, un arrosoir, un plantoir, un cordeau et un râteau. Ce petit outillage te suffira et ne te coûtera pas plus d'une dixaine de francs.

Il te faudra nécessairement de l'eau en temps de séche-

resse, et même en temps ordinaire, car l'eau fait la séve,
et sans elle il n'y a pas à compter sur de beaux légumes.
Si donc tu as affaire à un jardin humide, tu feras ouvrir
un réservoir au milieu ; tu en garniras le fond et les côtés
de terre glaise battue qui gardera l'eau de l'égouttage et
des pluies. Si, au contraire, tu as affaire à un terrain sec,
tu seras forcée de t'approvisionner d'eau au puits voisin, à
la fontaine ou à la citerne. Ce sera, je le sais, un travail
déjà bien rude pour toi que de transporter ainsi matin et
soir, de la maison au potager, des arrosoirs ou des seaux
pleins ; heureusement, dans bien des cas, il y a moyen de
se soulager. Avec des morceaux de planches cloués en
forme de rigole, et des fourches placées de distance en
distance, pour leur servir d'appui, on peut, à peu de frais,
s'éviter beaucoup de peine. Ce procédé n'est pas toujours
applicable, c'est vrai ; mais, ne le fût-il que sur la moitié
ou le tiers de la route à parcourir, qu'on se trouverait bien
d'y avoir recours.

Ce sont ordinairement les mauvaises herbes qui rebutent la ménagère ; elle se lasse vite à sarcler et finit par
laisser aller les choses à l'aventure. Je me l'explique, et
c'est pourquoi je te recommande de ne rien semer à la
volée et de mettre en lignes les plantes et graines. C'est le
seul moyen de te soustraire aux sarclages difficiles et coûteux. Chaque fois que tu auras à faire un semis ou un repiquage, tu commenceras par tendre fortement le cordeau sur la planche, puis avec la pointe du plantoir, dans
les terres fortes, tu ouvriras des rayons en suivant le
cordeau ; ou bien encore, ce qui vaut mieux, tu prendras
une perche bien droite, tu l'étendras le long du cordeau,
et, en frappant dessus, tu ouvriras des rayons convenablement tassés au fond et sur les côtés. Tu y mettras les
graines, et recouvriras très-légèrement les petites et un
peu plus les grosses. Mais, avant d'en venir à cette opéra-

tion, tu auras soin de faire donner un second coup de
bêche au potager, aussitôt après l'hiver, et de laisser en
repos les terres labourées, pendant huit ou dix jours dans
les terrains consistants, pendant plusieurs semaines dans
les terrains légers. Ceci est de rigueur ; on ne doit jamais
semer sur un sol fraîchement labouré.

Avec la culture en lignes, tu pourras, sans l'aide de
personne, entretenir ton jardin constamment propre, et
ce travail ne te demandera pas plus d'une heure par jour
pendant quatre ou cinq mois de l'année. Avec les semis à
la volée, tu ne suffirais pas à la besogne ; il faudrait recourir à la main-d'œuvre des sarcleuses, main-d'œuvre qui
coûte cher et qui manque assez souvent. Tu devrais, avec
cette vieille méthode, attendre que les mauvaises herbes
fussent déjà fortes pour mieux les saisir avec la main et
débarrasser les planches, et, en attendant, les mauvaises
herbes vivraient de la nourriture des bonnes et les affame-
raient tout en épuisant le jardin. Tu devrais t'agenouiller
de longues heures durant sur les sentiers du jardin et te
fatiguer corps et bras pour nettoyer les cultures ; tu devrais, enfin, dépenser un temps inutilement perdu et qui
pourrait être employé à bien, plus enfin que ne vaudraient
les légumes. Et c'est pour cela que tu entends dire si souvent par les uns et par les autres que les légumes produits à
la ferme reviennent plus cher que ceux achetés au marché.

Encore une fois, cultive tout en lignes, et tu n'auras
plus à te plaindre. En deux heures, tu feras plus de besogne que deux ou trois sarcleuses en une journée, et la
besogne sera meilleure. Dès que les herbes parasites marqueront sur la terre entre les lignes, tu prendras la ratissoire à pousser, un tout petit outil qui ne pèse guère et
qui ne fatigue point, et avec cette ratissoire que tu pous-
seras devant toi, tu pèleras pour ainsi dire le sol et détruiras les plantes mauvaises en un clin d'œil. Or, ainsi

détruites au début de la végétation, elles n'auront pas le temps de gourmander les bons légumes et de voler ton engrais.

Tous les huit jours ou tous les quinze jours, si cela est nécessaire, tu renouvelleras l'opération, mais toujours par un temps sec, afin que les plantes sarclées meurent plus vite, et afin aussi que la terre des planches foulées par toi entre les lignes au fur et à mesure que la ratissoire avance, ne forme point mortier. Après cela, il ne te restera plus qu'à sarcler à la main sur les lignes mêmes, travail facile et rapide que tu exécuteras en même temps que tu éclairciras.

En résumé, qui dit semis à la volée, dit sarclage ruineux ; qui dit, au contraire, semis en lignes, dit sarclage économique.

Avec la première méthode, si généralement suivie dans nos campagnes, on dépense parfois cinquante centimes pour produire vingt-cinq centimes de légumes ; avec la seconde, on est toujours sûr de réaliser un bénéfice net.

Puisque j'en suis au chapitre des considérations générales, souffre que je t'adresse encore un conseil, celui de ne pas acheter tes graines au hasard.

Les colporteurs qui vont de porte en porte offrir leur marchandise, les jardiniers qui ne soignent pas leurs semenceaux — et beaucoup sont dans ce cas — ne vendent la plupart du temps que de la semence douteuse et ne connaissent pas les bonnes variétés. Or, comme il n'en coûte pas plus de cultiver le bon que le mauvais, tu t'approvisionneras d'abord chez un grènetier recommandable des grandes villes, tu lui demanderas ce qu'il a de meilleur en légumes de toutes sortes ; et, ensuite, tu apprendras à te passer de lui et à faire ta récolte de graines toi-même.

Quand j'aurai à t'entretenir de chaque espèce ou variété de légume en particulier, je te dirai les moyens de faire ces graines et de les conserver.

Tu ne cultiveras pas seulement et exclusivement des légumes, tu réserveras une petite place sur les plates-bandes, entre les bordures et contre-bordures, pour la culture de jolies fleurs qui donneront de l'éclat à ton potager et feront ton agrément. En temps et lieu, je t'indiquerai les plus robustes, les plus gracieuses et les plus suaves.

Je vais te parler de chaque légume en particulier, en commençant par ceux qui rendent de gros services et en finissant par ceux de moindre importance.

La première place appartient de droit aux pommes de terre. Les pauvres s'en nourrissent les douze mois de l'année, et leur vie durant : les riches auraient de la peine à s'en passer.

Tu ne réserveras au jardin que les pommes de terre hâtives, les autres étant du domaine de la grande culture.

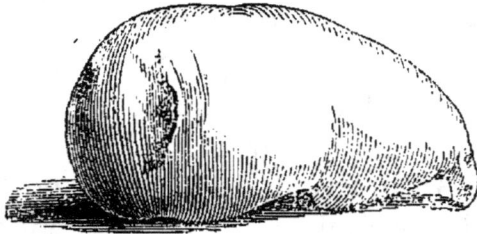

Parmentière jaune Kidney lisse hâtive ou Marjolin.

Ces pommes de terre hâtives, sont la Kidney, ou Marjolin, la précoce rose ou *Early rose*, la précoce de Schaw ou de la Saint-Jean, et diverses autres races qu'il n'est pas utile de citer.

La Kidney hâtive ou Marjolin se présente au premier rang des précoces. Elle vient de l'Angleterre et a été introduite en France par le comte Lelieur, qui l'a dédiée au docteur Marjolin.

Le tubercule de cette variété est un peu allongé et aplati, irrégulier dans les formes, parfois bourgeonné, ordinairement plus gros d'un bout que de l'autre, de fois à autres crochu du petit bout, et de couleur jaune-paille; ses yeux sont saillants, autrement dit forment des bosses; sa chair est fine, mais peu savoureuse ; sa tige est droite, rarement branchue, très peu développée, garnie de feuilles lisses et luisantes, et ne porte jamais ni fleurs ni boutons. La Marjolin produit peu; c'est la pomme de terre des riches ou des impatients.

La précoce rose ou Early rose est une pomme de terre d'origine anglaise, très précoce, très productive et très farineuse, peut-être même trop farineuse. En ce moment, sa culture est très répandue.

La précoce de Schaw ou de la Saint-Jean est d'un volume moyen, ronde, jaune et de bonne qualité.

A présent que tu connais les variétés hâtives, il s'agit de t'indiquer la manière de les cultiver :

Pour arriver de très-bonne heure avec la Marjolin, tu laisseras germer le plant en cave ou dans un lieu chaud vers la fin de l'hiver ; et, aussitôt que l'atmosphère se radoucira, tu mettras les plants en terre riche, à l'exposition du midi, contre un mur, une haie ou un abri quelconque. Tu les recouvriras de deux doigts de terreau bien sec et bien menu, et tu auras soin de ne pas rompre les germes. Tu les garantiras du froid de la nuit avec de la paille et les découvriras tous les matins vers neuf ou dix heures, quand la température le permettra. C'est un travail de patience, mais qui n'est pas rude. Avec des cloches en osier que l'on place au-dessus de chaque touffe et que l'on charge ensuite de paille, il y a moins de danger de rompre les pousses. Tant que les nuits seront froides, tu ne te départiras pas de ces précautions ; tu te méfieras surtout du clair de lune.

Quand les fanes de ta Marjolin auront à peu près un pied de hauteur, tu remueras bien la terre autour de chaque touffe, puis tu butteras les tiges d'un côté, de manière à les coucher à demi dans le sens opposé. Tous les huit jours, enfin, tu remueras la terre entre les touffes, afin que l'air et la chaleur agissent plus aisément sur les tubercules. Par ce procédé, tu auras de belles pommes de terre à l'époque où elles sont rares au marché et se vendent couramment de 1 fr. à 1 fr. 50 c. le litre.

J'admets à présent que tu ne te soucies point de forcer les pommes de terre précoces et que tu te contentes de la culture simple. Dans ce cas, tu ne laisseras point germer les plants en cave, et, pour empêcher les germes de se produire, tu les dérangeras, les changeras de place dès le mois de janvier, tous les huit jours, et au besoin deux fois par semaine. Si la cave était trop humide et trop tiède, tu transporterais les plants dans une pièce un peu froide de ta maison.

Ces précautions prises, et si le temps le permet, tu planteras dans la première quinzaine de mars. A cet effet, tu ouvriras des fosses avec la houe ou la bêche, à soixante centimètres l'une de l'autre, en terre meuble et toujours à bonne exposition du midi, si c'est possible. Dans chaque fosse, tu mettras une fourchée de fumier long d'écurie ou de bergerie, un demi-doigt de terre sur ce fumier, puis le plant entier et de grosseur moyenne, et tu recouvriras de trois à quatre pouces, pas davantage.

Aussitôt les fanes sorties de terre sur toutes les lignes, tu sarcleras avec un soin extrême, et quand ces fanes auront un pied de hauteur, tu bineras profondément avec la houe. Quinze jours plus tard, tu bineras de nouveau et butteras d'un seul côté, de façon à courber les tiges et à forcer la sève à se rejeter dans les parties souterraines. A cette même époque, enfin, tu repiqueras, entre les lignes, des choux blonds ou verts d'hiver, des blonds surtout, parce qu'ils sont meilleurs, ce qui ne t'empêchera pas, après l'arrachage des pommes de terre, au commencement d'août et quelquefois plus tôt, d'éparpiller encore, parmi les choux, des graines de navets hâtifs qui te donneront de bons et beaux produits en novembre et décembre. De cette manière, le terrain restera toujours occupé et te fournira trois récoltes dans l'année, les pommes de terre en été, les navets en automne, les choux à la sortie de l'hiver.

Dans ces derniers temps, on a conseillé de récolter les pommes de terre précoces au fur et à mesure des besoins, sans arracher les touffes. Pour cela, on gratte au pied, on détache les plus gros tubercules, et puis l'on recouvre pour donner le temps aux petits de grossir. Le moyen n'est pas nouveau ; de mémoire de génération, les pauvres gens de la Belgique en usent et en abusent. Je ne te conseille point d'y recourir ; crois-en ma vieille expérience, par ce procédé on tourmente trop la plante, on arrête son développement, on détache, sans le vouloir, un certain nombre de petits tubercules ; en somme, on perd beaucoup plus qu'on ne gagne. C'est un fait bien établi dans ce pays, mais devant lequel on ne recule pas, attendu que la nécessité commande.

Tu attendras, pour arracher tes pommes de terre, que les fanes soient mortes complétement ou tout au moins jaunes, et que le temps soit au beau ; après quoi tu laisseras les tubercules sur le sol pendant trois ou quatre heures, afin qu'ils se ressuient convenablement et prennent la température de l'air. Tu les mettras en cave avant la nuit, autrement la rosée du soir pourrait les prédisposer à la pourriture.

A titre de distraction et aussi d'utilité, tu récolteras des graines de pommes de terre, alors qu'elles jaunissent, que les queues ou pédoncules se dessèchent et qu'elles ne tiennent pour ainsi plus à la tige. Tu les mettras en tas, et attendras qu'elles se ramollissent et commencent même à pourrir. Lorsqu'elles seront dans cet état, tu prendras une terrine avec un peu d'eau et tu y broieras les fruits en question jusqu'à ce que la pulpe soit liquéfiée. Alors, tu rempliras d'eau la terrine et la laisseras en repos quelques heures. Au bout de ce temps, les petites graines détachées de la pulpe formeront dépôt. Tu verseras le liquide doucement jusqu'à ce dépôt, que tu placeras à part sur du papier gris et près d'un feu doux. Le lendemain, tu changeras de papier les graines encore humides, et elles achèveront ainsi de se dessécher.

Au printemps suivant, dans la seconde quinzaine de mars, ou mieux en avril, tu mélangeras cette semence avec du sable fin ou des cendres, et tu la répandras sur une plate-bande du jardin, à bonne exposition. Dès que tu pourras saisir les jeunes plantes, c'est-à-dire au bout de dix ou quinze jours de levée, tu éclairciras, et quand les petites pommes de terre auront trois ou quatre pouces de hauteur, tu les transplanteras dans un coin du potager. L'année même, tu auras d'assez jolis tubercules ; tu les replanteras l'année d'après, et tu en obtiendras de fort beaux, parmi lesquels des variétés nouvelles peut-être et de quelque valeur. D'ailleurs, tu n'auras rien à perdre à ces essais ; tu ne pourras qu'y gagner, et voilà pourquoi je te les recommande.

J'arrive au choux. On ferait bien de les cultiver pour la plupart en plein champ, puisque, une forte fumure aidant, ils y viendraient tout aussi bien qu'au potager et auraient moins à souffrir des chenilles ; mais ce n'est point l'usage, et d'ailleurs on a peur de la maraude. Laissons-les donc au jardin jusqu'à nouvel ordre et accordons-leur une des meilleures et des plus larges places.

Tu cultiveras plusieurs sortes de choux, de ceux qui sont rouges, de ceux qui sont verts, de ceux qui pomment, de ceux qui ne pomment pas, de ceux que l'on mange de bonne heure, de ceux que l'on ne mange qu'en hiver.

A ma connaissance, il y a trois sortes de choux rouges: 1° celui de Frise, que d'aucuns appellent encore le polonais. Il est fort gros et d'un rouge plus ou moins foncé; 2° celui de Gand ou d'Alost, aussi gros que le précédent, mais à peu près déteint et n'ayant plus de rouges ou plutôt de rougeâtres que les côtes et nervures de ses feuilles; 3° enfin celui d'Utrecht ou tête de nègre, tout petit et d'un beau rouge velouté. Après la cuisson, ces choux n'ont rien de commun, pour la saveur, avec nos autres espèces; ils sont très-sucrés. En Belgique, en Hollande et en Allemagne, tu trouveras des choux rouges partout ; en France, tu n'en trouveras guère que dans les départements du Nord et des Ardennes. A mesure que l'on se dirige vers le Midi, ils disparaissent. Ne m'en demande point la raison: je serais forcé de t'avouer que je ne la connais point.

On distingue les autres cabus cultivés dans nos potagers en cabus à feuilles lisses et cabus à feuilles cloquées, que l'on nomme aussi choux de Savoie ou de Milan.

Les cabus à feuilles lisses comprennent notre chou blanc commun, à grosse tête ronde, ou chou d'Allemagne, ou quintal d'Alsace, le trapu de Brunswick, à tête rapprochée du sol et aplatie, deux variétés recherchées pour la choucroute, à cause de leur volume. Ils comprennent aussi le petit chou de Vaugirard, légume délicat, pommant au commencement de l'hiver, puis le chou d'York ; et qui dit chou d'York, en France, dit chou pain, cœur-de-bœuf et cabage, races de choix, à pommes allongées et d'un vert très-pâle. Ils comprennent enfin le chou de Poméranie, dont la tête d'un vert clair s'allonge en cornet ou en fuseau et le chou de Winnigstadt, à pomme inclinée et en forme de cône ramassé.

Parmi les cabus à feuilles cloquées, nous avons le chou d

Savoie ou milan hâtif à tête ronde et à tête longue, le chou milan tardif, le milan doré qui promet plus qu'il ne tient ; le milan des Vertus et le chou à jets, appelé aussi chou de Bruxelles et *spruyt*, et que l'on aurait tort de ne pas classer parmi les cabus, puisqu'il se charge de petites pommes.

Les choux qui ne pomment pas, et que l'on cultive néanmoins avec raison pour les besoins de la cuisine, sont les choux verts et blonds d'hiver, qui traversent aisément la saison rigoureuse et rendent de bons services vers la fin de février et en mars. Les verts sont plus communs que les blonds, mais je te préviens qu'ils ne les valent pas.

Il existe enfin deux autres espèces de choux que je te recommande tout particulièrement, parce qu'on ne les cultive guère, quoique délicieux ; j'entends parler du chou-rave ou col-rave (chou de Siam des Parisiens, chou d'Arabie des Belges, Kolrabi des Anglais), et du chou-fleur.

Maintenant que tu connais de nom les principales espèces et variétés, il faut, mon enfant, que je t'apprenne à les cultiver. Tous ces choux-là, sans exception, se plaisent dans un terrain frais, riche en vieux fumier et un peu ombragé. En terrain sec, trop découvert, trop exposé au soleil, ceux qui pomment sont sujets à crever et à pourrir. Ceci bien entendu, tu sèmeras les variétés précoces, telles que milan hâtif, cabage, chou-pain, cœur-de-bœuf, et même chou-fleur demi-dur, dans la seconde quinzaine d'août. Vers la fin de septembre, les plants seront déjà forts, et alors tu les enlèveras pour les repiquer en pépinière, c'est-à-dire à quelques centimètres seulement les uns des autres ; puis, à la sortie de l'hiver, et le plus tôt possible, tu les reprendras dans cette pépinière, pour les repiquer définitivement en place, à 50 ou 70 centimètres l'un de l'autre, selon le développement, propre à chacun d'eux. Pour cette opération tu ouvriras les trous avec un plantoir en bois à bout arrondi, tu jetteras dans chacun de ces trous un peu de cendres lessivées, car on dit qu'elles préservent les racines des insectes ; tu tremperas les pieds de la plante dans l'eau de suie, et tout ira ensuite pour le mieux. Il y a des gens qui enterrent les jeunes choux à repiquer jusqu'aux premières feuilles, croyant en ceci bien faire ; ne les imite point, parce qu'il n'y a pas plus de raison pour transplanter des choux jusqu'aux feuilles que pour transplanter des arbres jusqu'aux branches. On ne gagne rien à contrarier la nature, on y perd toujours.

Aussitôt tes légumes repiqués, tu les arroseras avec de l'eau de fumier bien faible et n'y toucheras plus qu'au bout de douze ou quinze jours. Alors la reprise sera parfaite ; les mauvaises herbes commenceront à se montrer et tu devras sarcler avec la ratissoire à pousser, par un temps sec toujours. Le sarclage fait, tu arroseras de nouveau le matin ou le soir, avec de l'eau de fumier affaiblie ou de l'urine de vache également affaiblie avec de l'eau ordinaire. Il ne te restera plus ensuite qu'à renouveler les sarclages avec la ratissoire tous les quinze jours ou à peu près, uniquement pour empêcher les mauvaises herbes de se développer et pour ameublir la surface du terrain, et à remplacer les sujets malades par des plans de la pépinière.

Dans les cas où, pendant le cours de la végétation, tes choux feraient mine de s'emporter, tu fendrais les tiges d'outre en outre avec un couteau et introduirais un grain de sable ou une paille dans la plaie pour l'empêcher de se refermer et favoriser ainsi la déperdition d'un excès de séve.

Quand viendra le moment de récolter les têtes de choux de Milan ou de Savoie précoces, tu épargneras les feuilles de la base, tu ne les déchireras point pour les jeter aux vaches ou aux lapins. Ces feuilles aideront la tige à vivre, et il en poussera de nouvelles tout aussi bonnes pour la cuisine que celles des têtes.

Voilà pour les choux hâtifs ; voici maintenant pour les

choux tardifs : on en sème quelques-uns, si l'on veut, dès le mois d'août, afin de les avancer un peu et d'obtenir de fortes pommes dans le courant de l'été. Tu pourras procéder de la sorte avec les gros choux rouges et les gros cabus blancs ; mais avec les choux semés, levés et repiqués avant l'hiver, il faut t'attendre à voir monter un certain nombre de plants et à en perdre un certain nombre aussi vers la fin de la mauvaise saison, alors qu'une température chaude succède aux gelées de la nuit. C'est le dégel qui est à craindre. Tu t'arrangeras donc de façon à empêcher le soleil d'arriver dans toute sa force sur tes jeunes légumes gelés, soit au moyen de paille ou de toile, soit au moyen de branches d'arbres ou d'arbustes verts.

Si tu ne tiens pas à récolter tôt, tu attendras le mois de mars et d'avril pour semer en bonne terre et à bonne exposition tes graines de choux tardifs, tels que rouge de Frise, rouge de Gand, rouge d'Utrecht, trapu de Brunswick, choux blanc d'Allemagne, savoyards tardifs, milan des Vertus, conique de Poméranie, conique de Winnigstad, chourave et chou-fleur de Hollande. Tu attendras le mois d'avril aussi et même le commencement de mai pour semer le chou à jets de Bruxelles et les choux verts et blonds d'hiver ; enfin tu attendras la seconde quinzaine de juin pour semer le petit chou de Vaugirard.

Au bout de cinq ou six semaines au plus, tu repiqueras à demeure chacune de ces espèces ou variétés, qui te donnera ses produits en son temps. Tu arroseras et sarcleras comme je t'ai recommandé de le faire pour les choux hâtifs, et tu te garderas bien d'arracher les larges feuilles de la base pour les donner aux bêtes pendant le cours de la végétation.

En ce qui concerne particulièrement les choux-raves, dont la tige se renfle au-dessus de terre pour former une pomme, souvent très-grosse et excellente à manger, surtout quand elle est jeune, tu auras soin de les butter dès que le renflement sera bien marqué, et de renouveler ce buttage en temps sec et au fur et à mesure du développement de la pomme. La peau, ainsi protégée par la terre, se conservera plus tendre, plus élastique ; le renflement deviendra plus gros et sera moins sujet à se fendre, à crever ou à se déformer.

En ce qui concerne les choux-fleurs, tu les arroseras le plus possible, en temps de sécheresse, avec un mélange d'eau et d'urine d'étable, ou bien avec de l'eau ordinaire, dans laquelle tu délayeras, une fois seulement tous les quinze jours, une ou deux poignées de colombine de volaille et de suie. Lorsque les têtes auront la grosseur du poing, tu rompras à demi les feuilles les plus voisines, et ainsi de suite de feuille en feuille jusqu'aux principales feuilles, jusqu'au développement complet de la tête. Cette opération préserve le chou des rayons du soleil, lui conserve sa blancheur, l'empêche de s'écarter, et puis aussi a pour résultat de refouler une certaine quantité de séve vers la pomme.

En ce qui concerne les choux à jets, tu récolteras les premières petites pommes avant l'hiver, dès qu'elles auront le volume d'une grosse noix, et il en repoussera d'autres promptement. Tu récolteras de même celles-ci et il en repoussera encore de nouvelles. C'est une opération à pratiquer tout l'hiver, et même à la sortie de l'hiver ; pourvu qu'il ne gèle pas trop fort, la végétation se poursuit.

Avec les choux hâtifs, les chenilles ne sont guère à craindre, car la récolte en est à peu près faite lorsqu'elles arrivent ; mais, avec les choux tardifs, c'est une autre affaire : il est nécessaire de visiter souvent les légumes et d'écheniller à la main. De tous les moyens conseillés, c'est assurément le plus répugnant, mais en revanche c'est le plus sûr et le plus efficace.

Tu arracheras les cabus rouges et blancs à l'approche des gelées, et tu en mettras en cave une certaine quantité pour les usages journaliers de la cuisine ou pour préparer la choucroute. Quant à ceux que tu voudras conserver plus longtemps, tu les enterreras dans des rigoles à fond sec, la tête en bas et les pieds en l'air. Tu mettras les choux-raves en cave.

Je te conseille de faire ta semence de choux. A cet effet, dans le courant de la bonne saison, tu marqueras avec des baguettes les sujets les plus beaux, afin de pouvoir en distinguer les pieds quand les têtes seront coupées ; puis, à l'approche des fortes gelées, tu encapuchonneras chacun de ces pieds avec de la paille. Durant l'hiver, dès que la température s'adoucira, tu écarteras avec la main la paille des capuchons pour donner de l'air et de la lumière : enfin, à la sortie de l'hiver, tu enlèveras chaque pied avec la bêche et le replanteras dans quelque coin de ton jardin avec d'excellent terreau. Tu auras soin d'éloigner le plus possible l'un de l'autre les porte-graines de variétés différentes ; tu auras soin aussi d'arroser copieusement avec du purin les semenceaux transplantés, de les sarcler au pied tous les quinze jours, de leur donner des tuteurs pour soutenir leurs rameaux contre les coups de vent, d'arroser de nouveau au purin au moment de la floraison, de trier les siliques dès qu'elles seront développées, de ne conserver que les plus belles, et enfin d'empêcher les petites pousses tardives de croître et de fleurir au détriment des anciennes.

CAROTTE. — Après le chou, la carotte est peut-être le légume le plus généralement cultivé. Nous la retrouvons dans tous les potagers ; malheureusement, on achète la semence au hasard, et les carottes communes y occupent une plus large place que les carottes délicates. C'est le cas encore de bien recommander aux ménagères de n'acheter leurs graines que dans des maisons sûres, au risque de les payer un peu plus cher, et de les faire ensuite elles-mêmes, ce qui vaudrait beaucoup mieux. Donc, mon enfant, écoute les conseils que je vais te donner et essaye de les suivre.

Les carottes potagères et vraiment bonnes ne sont pas très-nombreuses. Les seules que je connaisse et que je te recommande sont : 1° la courte, ou toupie de Hollande, très-précoce et très-délicate ; 2° la demi-courte de Hollande, aussi bonne que la précédente, mais d'une forme moins pure ; 3° la carotte Nantaise, assez grosse et recommandable par sa qualité ; 4° la carotte d'Altringham, d'un rouge clair, très-allongée, d'une cuisson très-facile, et la meilleure de toutes pour les potages à la Crécy ; 5° enfin la carotte jaune d'Achicourt, plus grosse que la précédente, presque aussi longue, d'une bonne qualité, et d'une conservation sûre. Mathieu de Dombasle a voulu classer aussi parmi les variétés potagères la blanche demi-longue des Vosges, mais nous devons reconnaître et constater qu'elle n'est pas comparable aux races dont il vient d'être parlé. Tu la relégueras donc au nombre des carottes fourragères.

La culture de la carotte ne présente aucune difficulté ; seulement elle exige un terrain profond, riche en vieux fumier, plutôt frais que sec, et autant que possible débarrassé de pierrailles. Les terrains pierreux ou engraissés avec du fumier long font immanquablement fourcher les racines, et donnent par conséquent des produits désagréables à l'œil et qui ne sont pas de vente.

Admettons que le sol du potager soit dans les conditions voulues. Tu ne sèmeras que sur labour reposé, jamais sur labour frais. Dans le cas où la terre n'aurait pas eu le temps de se consolider convenablement par elle-même, tu commencerais par la rouler ou la piétiner énergiquement, afin d'obtenir la consolidation nécessaire. Sans cette précaution, tu n'auras que des racines difformes.

Autant que possible, tu sèmeras en rayons, c'est-à-dire en lignes, dont le fond aura été durci par un moyen quelconque, soit avec le pied, soit avec une roue de brouette, soit avec une perche frappée à coups de batte ou de maillet. Cela fait, tu frotteras vigoureusement la graine de carotte entre tes mains, afin de la débarrasser de ses aspérités, et tu la répandras dans les rigoles avec un mélange de graines de colza, de choux ou de laitue. Voici pourquoi : la semence de carotte est très-longue à germer et à lever ; les graines que je te conseille de lui associer germent au contraire et lèvent très-vite, en sorte qu'elles marquent sûrement les lignes et permettent les sarclages des mauvaises herbes entre ces lignes et avant la pousse des carottes. C'est un avantage qui n'est point à dédaigner. Une fois la graine dans les rigoles, il suffit de frapper avec une batte en travers des lignes pour recouvrir suffisamment.

On peut semer les carottes dès le mois d'août, et en obtenir ainsi de toutes petites avant l'hiver. On les laisse en place, on les recouvre de feuilles sèches, et, ainsi protégées, elles traversent aisément la mauvaise saison, et ont, pour ainsi dire, au printemps la valeur de carottes nouvelles. Beaucoup de personnes les vendent ou les utilisent comme telles.

On peut encore semer les carottes vers la fin d'octobre ou en novembre. Celles-ci ne lèvent point la première année, mais elles conservent mieux leurs facultés germinatives en terre que dans un sac, lèvent de bonne heure au printemps et donnent déjà de petites racines alors que les carottes de l'année n'offrent encore que des filets. Cette méthode me paraît bonne et j'appelle ton attention sur elle ; elle se rapproche beaucoup de la méthode naturelle. Et, en effet, tu sais que les porte-graines de carottes répandent leurs semences d'eux-mêmes dans l'arrière-saison, et que cette semence perdue pousse de très-bonne heure au printemps.

Enfin, on sème les carottes dès la fin de février ou en mars, et l'on continue quelquefois les semis en avril et en mars; mais ces derniers semis ne donnent jamais que des récoltes médiocres, surtout lorsque les grandes sécheresses viennent les surprendre et contrarier leur végétation. Dans le cas particulier, il arrive parfois aussi qu'une partie des graines ne lève pas. Tu n'en accuseras pas à la légère le marchand grènetier si pareil accident venait à se produire chez toi, car, la plupart du temps, il provient de ce que les graines ont été conservées durant plusieurs mois dans un lieu trop chaud. En voici la preuve : il y a deux ans, je reçus d'un ami de la semence de carottes sauvages que je me proposais et me propose encore d'améliorer. Je gardai cette graine en poche et, par oubli, plusieurs semaines, puis je la confiai à une terre bien préparée et bien fumée, en même temps que de la semence de carottes potagères. Celle-ci leva au bout de quinze jours ou trois semaines; mais la semence de carottes sauvages ne bougea point. On aurait pu la croire stérile; il n'en était rien, elle n'était qu'endormie, que paralysée en quelque sorte, puisqu'elle a levé cette année même, après vingt mois environ de séjour en terre. Or, ce qui est arrivé à la carotte sauvage, arriverait de même nécessairement à la carotte cultivée, si l'on conservait les graines sous une température trop élevée.

Par cela même qu'on sème les carottes à l'arrière-saison ou de bonne heure à la sortie de l'hiver, il est rare que la fraîcheur manque au sol et qu'il soit nécessaire d'arroser pour précipiter la germination. Cependant, si d'aventure des sécheresses anticipées, le vent de bise, par exemple, venaient contrarier la pousse, tu devrais arroser tous les jours avec l'arrosoir à pomme.

Les mauvaises herbes paraîtront toujours dans la planche avant les carottes; mais comme les lignes seront indiquées par le colza, les choux ou la laitue, tu délivreras le terrain de ces mauvaises herbes avec la ratissoire à pousser. Dès que les carottes seront levées et facilement saisis-

sables, tu les éclairciras à la main sur les lignes ; un peu
plus tard, tu les éclairciras de nouveau, tout en les sarclant
pour enlever les plantes étrangères ; enfin, quand les racines seront bien formées et déjà propres aux usages de la
cuisine, tu éclairciras définitivement de manière à laisser
au moins un intervalle de 15 à 16 centimètres entre les
plantes. Il va sans dire que tu continueras les arrosages au
besoin, et que tous les quinze jours tu ajouteras un quart
d'eau de fumier par arrosoir, ou, à défaut d'eau de fumier,
une ou deux poignées de colombine, que tu délayeras le
mieux possible.

Ceux qui ont écrit sur le jardinage assurent que les carottes nouvellement levées sont exposées aux ravages d'une
petite araignée. Comme je n'ai jamais eu à me plaindre de
cet insecte et à constater ses dégâts, je n'ai pas à t'en
entretenir.

Lorsque les fanes des carottes sont bien développées et
ombragent parfaitement le sol, les arrosages deviennent
inutiles.

Pendant le cours de la végétation, tu ne toucheras pas
aux fanes, car elles sont nécessaires à l'accroissement de la
racine, et ce que tu croirais gagner d'un côté, tu le perdrais
au double de l'autre.

Certaines personnes, et les jardiniers de profession entre
autres, ont l'habitude de semer leurs carottes à la volée
et d'y mêler de la laitue et des oignons. C'est une mauvaise
méthode ; je t'engage à ne point la suivre.

Tu arracheras tes racines dans le courant d'octobre,
alors que les feuilles jaunissent et rougissent. Tu choisiras,
pour cette opération, un temps bien sec et laisseras la
plante se ressuyer à l'air et prendre la température de
l'extérieur, pendant trois ou quatre heures ; après quoi, tu
enlèveras les fanes, soit en les rompant avec la main, soit
en les coupant avec le couteau : il ne te restera plus, cela

fait, qu'à les mettre en cave, à les empiler régulièrement contre le mur, afin qu'elles occupent le moins de place possible, ou bien à les disposer lits par lits avec du sable frais ou de la terre fine, de façon à ce qu'elles ne se touchent point. Une fois le tas élevé, tu le recouvriras de gazons retournés, et de la sorte tu n'auras pas à craindre une pousse anticipée.

En même temps que tu mettras ces carottes en cave, tu auras soin de choisir dans le nombre les plus belles, les plus régulières, les plus irréprochables quant à la netteté de la peau. Ces échantillons te serviront de porte-graines pour l'année suivante. Tu les placeras à part, entre des lits de sable ou de terre, dans une caisse bien fermée ; ou bien, dans le cas où, malgré cette précaution, tu craindrais de les voir pousser avant l'heure de la transplantation, tu pourrais, pour éviter cet inconvénient, enterrer la caisse près d'un mur, au dehors et à bonne exposition ; ou bien encore, tu pourrais ouvrir un trou dans la partie la plus sèche du jardin, y placer tes racines avec ordre et recouvrir ce trou d'un toit de paille. Ce procédé, fort usité dans la province de Liége, et autre part encore, me paraît excellent. De temps en temps, pendant l'hiver ou à la sortie de l'hiver, lorsque les journées sont tièdes, on entr'ouvre la paille pour donner de l'air et de la lumière, et de la sorte les porte graines ne donnent jamais de ces jets étiolés qui épuisent la racine sans profit. Dès que les mauvais temps sont passés et que la transplantation est possible, c'est-à-dire, presque toujours dans le courant de mars, on sort du trou les carottes réservées, et l'on plante chaque variété à part dans de bon terreau, puis on arrose avec de l'eau coupée de purin. Adopte cette méthode, et tu n'auras qu'à t'en féliciter.

Lorsque les porte-graines auront des tiges de cinquante à soixante centimètres, tu les accoleras à des tuteurs et supprimeras les petites pousses chétives, pour que la séve profite mieux aux branches principales. Au moment de la floraison, tu auras soin d'arroser avec de l'engrais liquide. Dès que les ombelles seront mûres, c'est-à-dire, lorsque la graine brunira, se soulèvera ou se détachera, tu procéderas à la récolte et laisseras cette semence à l'air ou dans un lieu sec, pendant quelques jours, avant de la mettre en sac. Il est si aisé de faire de la graine de carottes et de la récolter, que je ne comprends pas qu'il se trouve encore des ménagères qui achètent à beaux deniers comptants de la semence dont elles ne peuvent jamais répondre.

PANAIS. — Un mot à présent sur le panais, dont la culture est rigoureusement la même que celle de la carotte. Il demande la même terre, le même engrais, les mêmes soins, se récolte de même et se reproduit de même. Nous avons le panais long, le panais rond ou de Metz pour les terrains sans profondeur, et enfin le panais de Jersez. Comme ils ne se valent point, tu donneras la préférence à celui qui est le plus fin. A ce titre, je te conseille de te procurer de la semence de panais rond, le meilleur assurément.

POIS. — Tu cultiveras nécessairement des pois, et de ceux qui rapportent le plus, car il faut en écosser bel et bien pour rassasier une personne en appétit. Tu en auras de précoces comme le Daniel O'Rorcke, le prince Albert, et le pois Michaux de Hollande ; de moins précoces, comme le pois d'Auvergne ou serpette, et le mange-tout demi-rame, qui vaut mieux écossé qu'en cosse ; de tardifs, comme les knight ou pois ridés verts et blancs ; tu auras enfin le gros mange-tout à fleurs blanches, ou corne de bélier. Je ne te recommande pas la culture des pois nains de bordure. C'est bien, j'en conviens, un joli légume, mais son rendement ne paye ni la terre qu'on lui prête, ni les soins qu'on lui donne. Pour le rapport, il n'y a pas de variété qui surpasse le pois d'Auvergne et les · · ht ; ceux-là chargent à faire plaisir. Ne l'oublie po   `t@l pr@   e du renseignement.

On dit que les pois n'aiment pas le bon terrain ; je crois, au contraire, qu'ils l'aiment un peu trop, et que c'est précisément pour cela qu'ils s'y portent trop bien, et y produisent plus de fanes que de cosses. Mais comme nous tenons aux grains, non à la feuille, nous avons intérêt à planter dans un terrain maigre ou médiocre.

La plantation s'opère de diverses manières : les uns plantent en poquets ou par touffes, les autres en lignes serrées ; ceux-ci, en lignes écartées d'un mètre l'une de l'autre ; ceux-là, en lignes simples complétement isolées. Le système des poquets est le meilleur sous les climats chauds, à cause de l'ombre et de la fraîcheur entretenue au pied de la plante ; celui des lignes solitaires, le meilleur sous les climats humides et froids. Tu choisiras entre les deux, mais, quel que soit ton choix, ne t'avise en aucun cas de copier ces mauvais cultivateurs ou ces ménagères sans idées et sans goût, qui mettent leurs pois en massifs par lignes ou poquets très-rapprochés. Les quatre faces fournissent un peu de grains, tandis que le milieu ne fournit que des feuilles, et ce n'est point notre affaire.

Pour moi, vivent les lignes très-écartées, et mieux encore les lignes solitaires, disposées de loin en loin comme autant de rideaux ou de brise-vents. Pour peu que les rames soient droites, bien alignées, que les fanes des pois soient fixées coquettement et maintenues par de petites baguettes transversales et des liens légers, ces rideaux sont d'un effet charmant et d'un rapport considérable. Ils sont utiles, en outre, parce qu'ils font abri dans un moment où beaucoup de jeunes légumes du potager en ont besoin.

Les gens qui sont pressés d'avoir des primeurs de pleine terre plantent en février des pois en pépinière sur bon terreau, à bonne exposition, et les protégent contre le froid des nuits avec des paillassons mobiles ; puis, dès que la température s'adoucit, ils déplantent avec précaution les jeunes pois et les repiquent à demeure. Libre à toi, mon enfant, de gagner une avance de dix à quinze jours en suivant cette méthode.

Dans la culture ordinaire, tu attendras que la terre soit bonne à travailler, et, quelque temps avant de planter, tu jetteras ta semence dans de l'eau tiède avec un peu d'aloès. Ensuite, tu ouvriras des lignes au cordeau, tu y déposeras les pois un à un, et assez reprochés l'un de l'autre ; tu les fouleras avec le pied pour les fixer au sol et tu recouvriras avec la main en ramenant la terre de droite et de gauche. Au bout d'une dizaine de jours environ, mais quelquefois plus, selon le temps, la levée se fera. Aussitôt que cette levée sera complète, tu fixeras les rames.

Quand les pois auront environ seize centimètres de hauteur, tu remueras un peu la terre de chaque côté de la ligne avec la ratissoire, afin de détruire les mauvaises herbes ou de les empêcher de pousser ; plus tard, quand la saison deviendra chaude et la terre sèche, tu butteras de nouveau, après quoi tu arrêteras ces tiges au-dessus de la seconde ou de la troisième fleur en supprimant le plus tôt possible ce qui dépassera. De cette façon tu refouleras la séve sur les gousses réservées qui n'en deviendront que plus belles et plus précoces. Ceux qui attendent trop tard pour le pincement et qui suppriment brusquement une longue partie de la tige, manquent leur but, parce qu'ils refoulent trop de séve à la fois et font partir des jets de côté.

Dès que les pois fructifieront, tu auras l'œil ouvert sur les poules de la ferme, attendu qu'elles sont avides de pois verts et butinent rapidement. Je sais encore divers petits oiseaux qui ne les dédaignent pas ; mais, tout bien compté, les dégâts qu'ils commettent sont de peu d'importance, et il n'est pas besoin de se mettre en peine pour les prévenir.

Tu feras toi-même la cueillette des pois verts parce qu'elle exige une certaine attention. Tu protégeras les tiges de la main gauche pendant que tu détacheras les cosses de la main droite ; autrement, tu déracinerais la plante, qui ne tarderait pas à se faner et à jaunir.

Dès que la récolte sera à peu près terminée, tu enlèveras les fanes et les donneras aux vaches ; puis, sans perdre de temps, tu apporteras une bonne fumure et cultiveras le navet de table à la place des pois.

Il ne dépendra que de toi d'avoir des pois verts durant toute la belle saison. A cet effet, tu en sèmeras tous les quinze jours, jusqu'au mois de juillet.

Tu ne ramèneras pas les pois plusieurs années de suite à la même place ; tu ne les y ramèneras que tous les six ou sept ans. Sans cette précaution, tu ne tarderais pas à te plaindre du rendement et de la qualité. Or, un des avantages de la culture de ce légume en lignes solitaires, c'est de rendre les retours trop prompts à peu près impossibles : il y a gros à parier qu'on ne retombera pas exactement sur les anciennes lignes.

Les pois dégénèrent quelquefois rapidement ; cela dépend de la nature du terrain et de la graine. Je ne connais et ne recommande que deux procédés pour en maintenir les variétés. Le premier consiste à faire un plant à part pour la semence, à le faire très-clair, à pincer les fanes au-dessus de la seconde fleur, à attendre la maturité parfaite et à choisir les plus belles cosses au moment de la récolte. C'est ce que ne font pas d'ordinaire les femmes de la campagne. Elles prennent au hasard les cosses qui leur tombent sous la main, petites ou grosses. Le second procédé consiste à planter d'abord sur couche et à repiquer ensuite. Il est rare que l'on adopte celui-ci à cause des lenteurs qu'il entraîne et des petits soins qu'il exige ; pourtant c'est le plus sûr et le meilleur des deux.

Tu auras peut-être, au moment de la plantation des pois, à souffrir de la voracité des souris et des campagnols. L'amertume de l'aloès les contrarie jusqu'à un certain point ; mais, s'ils renoncent à la graine, il n'en est pas moins vrai qu'ils rongent souvent les jeunes tiges et les emportent dans leurs trous, ainsi que j'ai pu m'en assurer cette année et les années d'avant. Pour te délivrer de ces petits animaux, on te conseillera d'enfouir en terre des pots vernissés en dedans et à moitié remplis d'eau, ou bien de tendre des souricières, ou bien encore de brûler des mèches soufrées à l'entrée de leurs galeries, et d'y lancer le gaz à coups de soufflet, ou bien enfin d'employer des boulettes de pâte phosphorée que le premier venu peut préparer avec des pommes de terre cuites, du lard fondu et la composition des allumettes chimiques. Pour mon compte, je trouve que l'ennemi échappe trop souvent aux pots, que les souricières ne réussissent guère, que le soufrage employé par une seule personne sur un bout de terrain ne signifie rien, que si les boulettes phosphorées empoisonnent très-bien les souris et les campagnols, elles peuvent très-bien empoisonner aussi les chats et les chiens de la ferme. Ce qui m'a le mieux réussi jusqu'à ce jour, c'est le froment trempé dans une dissolution de sulfate de strychnine. Une petite pincée de cette substance dans un verre d'eau suffit pour empoisonner un demi-litre de grain qu'on laisse se gonfler jusqu'à ce que l'eau soit entièrement épongée. On le répartit après cela dans le voisinage des légumes qui ont besoin de protection, et il n'y a plus rien à craindre. Il est, je l'avoue, tout aussi désagréable de manier le sulfate de strychnine que l'arsenic, mais que veux-tu, à défaut de mieux, il faut passer par là ou se laisser piller.

Je ne veux pas en finir avec les pois sans te dire un mot d'une culture que j'ai vu pratiquer dans le pays flamand. Là-bas, de très-bonne heure, à la sortie de l'hiver, on plante des massifs de pois près d'un mur à exposition chaude ; on les abrite pendant les nuits, et, dès que les fanes ont de

quinze à vingt centimètres de hauteur, on les coupe au-
dessus du premier nœud, et l'on s'en sert, associées au cerfeuil, pour préparer des soupes vertes. Les fanes ainsi ro-
gnées repoussent, et on les fauche de nouveau pour le
même usage, ou bien on les laisse aller à fleurs et à graines
après la première coupe ; mais, dans ce cas, les produits
sont si chétifs, qu'il y a plus d'intérêt à prendre le regain
en vert. Les soupes maigres aux feuilles de pois tendres, hachées avec du cerfeuil, ont leur mérite dans une saison où
la verdure manque, où nous ne voyons au potager que de l'o-
seille et toujours de l'oseille. Tu en mangeras donc, et il y
a lieu de croire qu'après en avoir mangé, tu y reviendras.

HARICOTS. — En même temps que les pois verts s'en
vont, les haricots verts arrivent. Cet excellent légume réussit à peu près partout. Que les terrains soient secs, frais,
riches ou pauvres, on peut en espérer de bonnes récoltes ;
cependant je te ferai remarquer que la nature du sol a une
grande influence sur la qualité des produits et que, si j'a-
vais le choix, je prendrais de préférence à toute autre une
terre légère, marneuse, ni trop sèche ni trop fraîche. Cette
influence du terrain sur la qualité est prouvée jusqu'à l'évi-
dence par le haricot de Soissons, qui est de nature excellente en Picardie, et le plus souvent détestable autre part.
Les haricots n'exigent pas beaucoup d'engrais, cependant
il y a profit à leur en donner, et les meilleurs, à mon avis,
sont le fumier de vache très-pourri et les cendres de bois.

Tu sauras que le haricot compte un grand nombre de variétés. Nous avons des haricots nains, c'est-à-dire qui n'ont
pas besoin de rames pour les soutenir ; nous avons les haricots grimpants, qui ont besoin de rames pour y enrouler
leurs tiges. Tu cultiveras des uns et des autres, mais surtout des nains en terrain sec. Ils rapportent plus qu'on ne
le pense ordinairement. Leur désavantage principal sur les
variétés grimpantes consiste en ce qu'ils pourrissent plus

facilement en temps de pluie, à raison de leur voisinage du sol et de l'humilité qu'entretient leur feuillage. Les meilleurs, parmi ces haricots nains, sont : le flageolet ou nain hâtif de Laon, dont la graine est blanche, arrondie, étroite et un peu longue à la manière des haricots suisses ; le soissons nain, que l'on appelle encore gros pied, dont les cosses sont larges et plates, et dont les grains blancs un peu aplatis sont de très-bonne qualité ; le haricot noir de Belgique, à cosses d'un vert pâle et à grains d'un beau noir luisant ; le rouge d'Orléans, à grains rouges, petits et aplatis ; le suisse blanc, le rouge, le gris de Bagnolet et le ventre de biche.

Les meilleures variétés grimpantes ou à rames sont : le soissons dans quelques localités, le sabre presque partout, le prédome, prudhomme ou prodomné, que l'on nomme en Belgique, et nous ne savons pourquoi, haricot princesse friolet ; le prague à grains ronds et d'un rouge violet ; le haricot d'Alger ou beurré, ou ciré ; autre variété de Prague à grains ronds et noirs ; le haricot riz à tout petits grains blancs oblongs, et enfin le haricot d'Espagne à fleurs blanches et à grains blancs et gros, très-farineux, très-savoureux, mais qui a l'inconvénient d'avoir la peau trop épaisse.

A présent que tu connais les meilleures variétés des deux catégories, parlons de la plantation. Il y a trois manières d'opérer : on peut planter par touffes serrées ou poquets, par touffes ouvertes, ou bien encore en lignes et grain à grain. La première méthode convient aux terrains secs et aux climats chauds : la seconde, aux terres légères des climats humides ; la troisième, aux terrains frais. Quand on procède à la plantation par touffes serrées, on ouvre une petite fosse d'un coup de houe et l'on y jette cinq ou six graines pêle-mêle ; quand on procède par touffes ouvertes, on forme avec la main une fosse bien ronde et de la largeur d'un fond de carafe, puis à la circonférence de cette fosse on place cinq ou six graines le plus ordinairement ; quand on procède par lignes, on ouvre au cordeau une rigole peu profonde et l'on y laisse tomber les graines une à une et assez rapprochées.

C'est habituellement lorsque les gelées ne sont plus à craindre que l'on songe à planter les haricots, soit dans la seconde quinzaine d'avril, soit dans la première quinzaine de mai. Toutefois, quand on veut prendre l'avance, on peut planter les haricots sur couche, repiquer, abriter les nuits avec des paillassons ou des cloches d'osier : et de la sorte, on a l'agrément de récolter des haricots verts de très-bonne heure. Il n'est pas nécessaire d'être jardinier de profession pour entendre cette méthode et la mener à heureuse fin.

Avant de mettre les graines en terre, tu auras soin de les placer dans un vase avec de l'eau de savon, de l'eau de lessive, ou tout simplement avec de l'eau tiède et une poignée de cendres de bois. Au bout d'une demi-heure ou d'une heure au plus, tes graines seront ridées et mieux disposées à la germination que si elles étaient sèches. Alors, tu les retireras du vase et leur donneras le temps de se ressuyer à l'air. Cela fait, tu planteras, et toujours le moins bas possible, car les haricots trop enterrés pourrissent très-vite quand des pluies surviennent, ou bien, quand ils ne pourrissent pas, le germe a trop de peine à ouvrir la terre. C'est pour cela que l'on recouvre à peine les haricots. Une fois recouverte, on prend de la cendre de bois par demi-poignées, et on la répand sur les touffes ou sur les lignes. C'est un excellent moyen que je te conseille de ne pas négliger. Dans le cas où tu aurais affaire à un terrain frais, je te conseillerais de remplacer la cendre par une ou deux bonnes poignées de poussière de charbon, et voici pourquoi : — la couleur noire réchauffe la terre, hâte la germination et hâte aussi la maturation. Ce que la théorie enseigne dans ce cas, je puis t'assurer que la pratique le confirme

Il est d'usage de ne ramer les haricots que lorsqu'ils sont bien levés. Cet usage a des inconvénients ; il dérange les racines et contrarie la végétation. Tu feras donc bien de ne pas l'adopter et de ramer tout de suite, au moment de la plantation, en ayant soin d'incliner un peu les rames de chaque côté des planches, de manière à les croiser par le sommet et à les relier solidement entre elles au moyen d'une perche placée transversalement sur les parties croisées. Avec les rames ainsi disposées et formant charpente, l'action du vent n'est pas à craindre ; elles restent immobiles et n'impriment point de secousses au pied des plantes. Et puis aussi l'inclinaison des rames me paraît avantageuse, en ce sens que la séve circule moins vite obliquement que perpendiculairement au sol. Or, toutes les fois qu'il y a ralentissement dans la circulation de la séve, la fructification augmente, les produits deviennent plus beaux et la maturité arrive plus vite. Aussi je ne pense point qu'il soit nécessaire d'employer de ces rames de trois mètres qui ressemblent à des perches à houblon, comme on les emploie communément dans la culture des haricots-sabres. On se trouverait tout aussi bien de l'emploi de rames ordinaires qui forceraient les tiges grimpantes à retomber de bonne heure faute d'appui et amèneraient, par cela même la production de gousses hâtives, nombreuses et remarquables.

Que tes haricots soient grimpants ou nains, peu importe, tu les sarcleras assez souvent pour tenir les planches dans un état de propreté extrême ; puis tu surveilleras le légume de très-près, afin de tasser constamment la terre qui pourrait être soulevée par les taupes. Ces soulèvements sont à craindre, car ils amènent la souffrance des plantes, et je n'en connais pas de plus difficiles à remettre en santé que les haricots malades dont les fanes se flétrissent et jaunissent. Tu les surveilleras de près, en outre, surtout au début de la végétation et dans le voisinage des haies, parce que les limaces grises sont très-avides des feuilles de ce légume. Quelques soins que l'on prenne, il est assez difficile parfois de soustraire les haricots à la voracité de ces animaux, et, dans la circonstance, il nous paraît bon d'entourer les pieds des touffes avec du charbon de bois pilé. On a recommandé aussi l'emploi de la chaux, des cendres de bois et du sel de cuisine. Le premier et le dernier de ces préservatifs sont aussi efficaces ; quant aux cendres, elles rebutent les limaces pendant un jour ou deux, après quoi elles deviennent humides et ne produisent plus d'effet.

Pendant les grandes sécheresses, tu relèveras la terre autour des haricots, à seule fin de maintenir un peu de fraîcheur sur les racines. Au moment de la floraison, tu auras soin de ne pas toucher à ce légume, car les fleurs se détachent au moindre contact, et ce serait autant de perdu.

Quand les gousses seront bonnes à prendre, tu commenceras la cueillette par le bas, attendu que les gousses les plus rapprochées de terre sont plus sujettes à pourrir que les autres. Tu réserveras pour graines celles de la partie moyenne. Lorsque tu voudras précipiter la maturation des haricots, afin de les consommer en grains secs, tu soulèveras les touffes avec la bêche dès que les gousses commenceront à se rider et que les grains auront atteint toute leur grosseur : tu ne déplaceras point ces touffes ; tu les laisseras, une fois soulevées, au lieu qu'elles occupaient.

Il faut que tu saches maintenant quelles sont les variétés les meilleures à consommer, soit en vert, soit en graines tendres, soit en graines sèches. Tu sauras donc que le flageolet, ou haricot de Laon, est excellent comme mange tout, excellent aussi pour écosser, et passable à l'état sec ; que le soissons nain est assez bon en vert et de première qualité en grains frais ou secs ; que le haricot noir de Belgique doit être consommé en vert ; que le rouge d'Orléans est surtout recherché pour les grains secs ; que les suisses en général sont notamment recherchés à titre de haricots verts, bien qu'on puisse les manger en grains tendres ou secs. Voici maintenant pour les variétés grimpantes.

Le soissons à rames se mange principalement en sec, mais il n'est pas de première qualité partout, ainsi que nous l'avons dit plus haut. Le sabre est une variété à toutes fins ; il est excellent comme mange-tout et excellent aussi en grains. Le prédome ou haricot princesse est de tous les mange-tout le plus recherché, et peut être consommé ainsi alors même qu'il est complétement formé et que sa cosse commence à se flétrir. En grains verts ou secs, cette variété est également réputée délicate. Le prague rouge se mange en vert et en sec ; seulement, dans ce dernier cas, on lui reproche d'avoir la peau trop épaisse. Le haricot d'Alger ne doit être cueilli que lorsque la cosse, d'un vert tendre d'abord, a pris la couleur jaune du beurre. Dans cet état et quelle que soit sa grosseur, il est tendre et de toute première qualité comme mange-tout, mais il a l'inconvénient de pourrir vite en temps de pluie et de déplaire par sa couleur aux personnes qui veulent à toute force des haricots verts et très-petits : affaire de préjugés et d'habitude. On le mange rarement sec, peut-être à cause de sa couleur noire, et cependant il est de très-bonne qualité. Le haricot-riz est bon en vert, bon en grains frais, et excellent, selon nous, en sec. Le haricot d'Espagne à fleurs blanches est détestable en vert, mais il a le mérite de mûrir de bonne heure, de donner de très-gros grains blancs, et ces grains, nous le répétons, sont de bonne qualité, malgré l'épaisseur de l'écorce, et conviennent tout particulièrement pour les purées.

Plus rien qu'un mot, et j'en aurai fini avec la culture des haricots. Aussitôt que les planches réservées pour la consommation auront atteint la maturité complète, c'est-à-dire lorsque les cosses du légume seront sèches et cas-

santes, tu t'occuperas de la récolte, et autant que possible
par un beau temps. Tu réuniras tes haricots en petites
bottes ; tu les lieras et les placeras la tête en bas, sur des
échalas ou tuteurs. Tant que le temps restera au beau, tu
laisseras ces bottes ainsi exposées à l'air ; après quoi, tu
les rentreras et les mettras dans un lieu bien aéré, soit
sous un hangar, soit sous ces toits de chaume qui forment
auvent, et sont si communs dans les campagnes ; de cette
sorte, les haricots se conservent très-bien en cosses. Tu les
battras au fur et à mesure des besoins, soit qu'il s'agisse
de la consommation de la ferme, soit qu'il s'agisse de les
porter au marché. Si tu les battais ou les faisais battre de
suite en une seule fois pour les rentrer au grenier ou les
mettre en sacs, les grains perdraient un peu de leur
lustre et se tacheraient plus vite que dans leurs enveloppes.

Tu mettras de côté, pour semences, des cosses parfaitement sèches et prises sur des pieds très-chargés, et tu ne
les égrèneras qu'au moment de t'en servir. La plupart des
graines reproduiront fidèlement le type ; je ne connais
guère, dans le nombre, que le haricot d'Alger qui soit sujet à varier. Ses cosses, au lieu de rester complétement
jaunes, se marbrent parfois de rouge. Pour prévenir cette
variation, on ferait peut-être bien de ne prendre la semence
que sur des plants repiqués.

Tu pourras ramener les haricots deux et même trois fois
de suite à la même place ; la seconde et la troisième fois,
les tiges et les feuilles prendront un peu moins de développement que la première année, mais la fructification sera
plus forte.

FÈVES. — Après t'avoir entretenue des pois et des haricots, il est bien naturel que je te dise un mot des fèves, qui
sont de la même famille et ont de l'importance dans beaucoup de localités. Il y a des fèves cultivées pour la nourriture des animaux, que l'on nomme fèves à cheval ; il y

en a d'autres cultivées pour la nourriture de l'homme, et que l'on nomme fèves de marais, comme qui dirait fèves de potager, puisque, dans le langage parisien, marais signifie terre à jardinage, et maraîcher jardinier légumiste. Ainsi donc, toutes les fèves cultivées au jardin sont des fèves de marais. Il y en a de plusieurs sortes, à peu près quatorze ou quinze. Je les connais pour avoir essayé de toutes, de la fève commune, de la fève de Séville qui a les graines vertes et les gousses très-longues, de la fève de Windsor, de la petite rouge hâtive, de la pourprée, et, si j'ai un bon conseil à te donner, c'est de t'en tenir à la culture des trois premières, qui sont les plus productives et de bonne qualité. La fève de marais commune et celle de Windsor ne diffèrent l'une de l'autre que parce que la première a les grains allongés, tandis que ceux de l'autre sont larges et arrondis.

Tous les terrains, à moins qu'ils ne soient trop secs, conviennent aux fèves ; cependant elles se plaisent mieux dans les argiles qu'autre part. Il est d'usage de les planter dès le mois de février et de continuer la plantation en mars et avril. Pour mon compte, je ne vois pas la nécessité de trop se presser, principalement sous les climats froids, parce que les gelées, survenant après la pousse, détruisent la plante plus facilement qu'on ne se l'imagine. Tu planteras donc en mars plutôt qu'en février.

A cet effet, tu choisiras de belles graines d'un an ou de deux ans ; tu les mettras dans une terrine et les recouvriras d'eau tiède, afin de les ramollir et de faciliter la germination ; ou bien encore, tu les mettras tout simplement tremper dans de l'eau de fumier avec une demi-poignée de sel de cuisine. Au bout de douze heures environ, les graines seront bonnes à planter. Tu diviseras les planches destinées à les recevoir en lignes distantes de 40 à 50 centimètres l'une de l'autre, et sur chacune des lignes tu ou-

vriras, au plantoir ou à la main, des trous de 4 à 5 centimètres de profondeur, et à la distance de 40 centimètres
environ l'un de l'autre. Tu mettras dans chacun deux ou
trois graines de fèves et recouvriras. J'en sais qui plantent
plus serré, mais leur pratique est mauvaise ; les plantes
montent trop, ne reçoivent pas assez d'air et de soleil et
produisent plus en fanes qu'en gousses.

Dès que les fèves seront parfaitement levées sur toutes
les lignes, tu les sarcleras et bineras légèrement avec la ratissoire à pousser ; huit ou dix jours plus tard, tu bineras
de nouveau ; puis, quand les tiges auront environ un pied
de hauteur, tu formeras une butte autour de chaque touffe,
afin de les maintenir contre les coups de vent, de conserver
un peu de fraîcheur aux racines et de favoriser ainsi la végétation. Dès que les premières fleurs seront ouvertes, tu
surveilleras de près les fèves, afin ne ne pas te laisser surprendre trop tard par l'invasion des pucerons. Aussitôt que
tu en découvriras sur quelques pieds, tu procéderas au
pincement, c'est-à-dire à la suppression de la sommité des
tiges. Ce sont ces sommités que les pucerons attaquent de
préférence, parce que ce sont les parties les plus tendres de
la plante. Le pincement n'a pas seulement pour but et pour
effet de couper les vivres aux insectes ; il a, en outre, l'avantage de concentrer la sève sur les jeunes gousses, de les
développer plus vite et d'augmenter la beauté des produits.

Tu ne jetteras pas les sommités coupées avec les ongles ;
tu les feras cuire comme si c'étaient des feuilles de choux ;
et les assaisonneras soit au maigre, soit au gras, comme
font les populations belges. Ces sommités n'ont pas seulement le mérite d'être un bon légume, elles ont celui aussi
d'arriver à un moment où tout manque au potager.

Pendant la floraison des fèves, ou au moment de la for-
mation des gousses, tu feras bien d'arroser chaque pied
avec du purin étendu d'eau. Quand les gousses auront le

quart de leur grosseur ordinaire, tu pourras commencer la récolte, les couper par morceaux et les consommer à la manière des haricots verts. Quand les gousses auront la moitié de leur développement, tu pourras les écosser et consommer les fèves à l'état de graines tendres. Tu ne laisseras aller à leur complet développement que les gousses destinées à fornir la semence et à mûrir sur pied. Les fèves trop grosses perdent de leur délicatesse et ont la peau si coriace, qu'il devient nécessaire d'enlever cette peau après la cuisson et avant d'assaisonner les graines. Cet inconvénient n'existerait pas, qu'il serait avantageux de récolter les gousses de bonne heure, et voici pourquoi : en laissant les graines aller à toute grosseur, on perd du temps, on arrive aux sécheresses, on ne peut plus guère espérer double récolte, et les produits obtenus n'ont pas la qualité désirable. En cueillant, au contraire, les gousses au quart ou à moitié au plus de leur développement, la qualité des produits se trouve maintenue, et l'on peut, en toute assurance, compter sur une seconde pousse. Beaucoup de nos fermières ne se doutent point de la chose, s'en tiennent à une première cueillette, abandonnent les tiges dépouillées, ou les coupent ras de terre, pour les donner aux vaches. Tu ne feras pas ainsi : aussitôt que ta première récolte sera enlevée et qu'il ne restera plus de gousses aux tiges, tu les couperas à 15 centimètres au-dessus de terre, et, ainsi coupées, elles te donneront des rejets qui porteront fleurs et graines assez promptement. Donc, deux récoltes au lieu d'une.

Quant aux pieds réservés pour la semence, il va sans dire que tu les conserveras avec soin, supprimant les petites gousses mal conformées et réservant les plus belles. On recommande de récolter celles-ci dès que l'enveloppe commence à norcir et de laisser la maturation s'achever à terre ; mais, à mon avis, il n'y a pas d'inconvénient à laisser mûrir complétement sur pied et à attendre que les fanes soient bien désséchées et les gousses bien noires pour procéder à la récolte.   .

Le plus ordinairement, on écosse de suite les fèves sèches, et on met les graines en sac. C'est fort bien quand ces graines doivent servir à la plantation de l'année suivante ; mais quand on tient à les conserver trois, quatre et même cinq ans, il vaut mieux les garder en gousses.

Les souris et les campagnols sont, je t'en préviens, très-avides de fèves. Il n'est pas rare de voir des plantations détruites au moment de la levée. Je ne connais qu'un seul moyen d'empêcher ces ravages, c'est d'empoisonner énergiquement des graines de céréales et d'en jeter çà et là sur les planches. Avec une dissolution d'aloès dans laquelle on met tremper la semence pendant un jour ou deux, on contrarie singulièrement les petits animaux dont je te parlais tout à l'heure, mais il n'en est pas moins vrai que, malgré le préservatif, ils fouillent la terre, entament les graines et rognent souvent les jeunes tiges.

Les rats sont également très-avides de fèves et font beaucoup de dégats dans les planches à l'époque où les gousses ont atteint leur développement complet. Dans ce cas, tu devras nécessairement avoir recours aux piéges ordinaires, fers ou trappes.

Quant aux pucerons noirs dont je te parlais tout à l'heure, il arrive quelquefois que le pincement ne suffit pas pour en préserver les fèves, et, dans cette circonstance, d'aucuns ont recours à l'emploi d'une eau soufrée, qu'on appelle eau de Tatin ; mais les frais de préparation et de main-d'œuvre ne me permettent pas de te conseiller l'emploi de ce moyen. Un amateur pourrait y trouver son compte ; une fermière n'y trouverait pas le sien.

ASPERGE. — Je n'entends pas, sache-le bien, te faire ici un cours complet de jardinage ; je m'en tiens aux recom-

mandations les plus essentielles. Maintenant, si tu le per-
mets, nous causerons d'une série de légumes, qui passent
chez nous autres pour des légumes de luxe, et que l'on ne
cultive guère à cause de cela, ou peut-être bien aussi parce
que d'aucuns, dans le nombre, se font attendre plusieurs
années avant de donner récolte. Il s'agit des asperges, du
crambé ou chou marin, des artichauts et des cardons.
Comme ce sont de bons légumes, qui ne demandent, après
tout, ni plus de soins ni plus de peine que les légumes
communs, je te les recommande. Mais, avant d'entrepren-
dre leur culture, n'ouvre aucun des livres qui en parlent,
car tu serais découragée bien vite. Ce sont menus détails
sur menus détails, à ne savoir comment s'y retrouver.
Entre nous, en causant ainsi au coin du feu, nous ferons

Asperge.

moins de cérémonie, et nous nous tirerons d'affaire aussi
bien que les plus habiles. Commençons par les asperges.
   Les uns ouvrent des fosses de 60 centimètres de largeur
sur 45 ou 50 de profondeur, laissent entre les fosses un
espace de 80 centimètres environ, pour y placer la terre,
mettent du petit cailloutage au fond de chaque fosse, recouvrent de trois ou quatre doigts de bon terreau, plantent les asperges sur le terreau à 45 centimètres à peu
près l'une de l'autre, recouvrent de nouveau avec quelques
pouces d'excellente terre et rechargent tous les ans jus-

qu'à ce que la fosse soit pleine. Les autres creusent une large fosse carrée, rejettent la terre sur les côtés, plantent en lignes au fond de cette fosse et rechargent tous les ans de quelques centimètres, jusqu'à ce qu'elle soit comblée. Ce travail te paraîtra peut-être un peu long et un peu rude: simplifions-le donc. Ce système d'ailleurs est mauvais; c'est une erreur de croire que les racines d'asperges tendent à remonter et qu'on doit à cause de cela les planter bas.

Tu traceras tout simplement des lignes au cordeau à 90 centimètres l'une de l'autre, et sur chacune des lignes, de 80 centimètres en 80 centimètres, tu ouvriras des trous de 30 centimètres avec une toute petite bêche et placeras la terre sur les côtés au fur et à mesure de l'extraction. Ces dispositions prises, tu achèteras chez un jardinier de la ville des pattes ou griffes d'asperges violettes d'un an, dans le courant de mars ou au commencement d'avril. Tu procéderas ensuite à la plantation de la manière suivante : au fond de chaque trou tu mettras trois doigts de bonne terre mélangée avec du fumier de cheval bien pourri, puis tu placeras le plant d'asperges au centre de la fosse après en avoir écarté les racines à droite et à gauche. Tu recouvriras de 5 à 6 centimètres de bonne terre meuble que tu presseras un peu avec la main sur l'extrémité des racines seulement, non près de la tige ; après quoi tu n'auras plus qu'à surveiller le plant. Pour empêcher les mauvaises herbes de l'envahir entre les fosses, et afin de ne point perdre de terrain, tu planteras diverses sortes de légumes, à ton gré, pois nains, haricots nains, betteraves, laitues, radis d'été, navets, etc. La première année, tu ne toucheras pas aux asperges, tu leur permettras de pousser librement et attendras que les tiges soient desséchées pour les couper au dessus de terre à la fin de l'automne, puis tu les déchausseras sans te préoccuper de la gelée, car les asperges ne la craignent pas, contrairement à ce qu'on pense presque partout. Vers la fin de février, tu rechausseras les touffes et formeras une petite butte autour avec une partie de la terre extraite vers la fin de l'automne. La seconde année, comme la première, tu cultiveras les intervalles et tu ne permettras pas aux mauvaises herbes de pousser. Tu ne toucheras pas encore aux asperges. La troisième année, vers la fin de l'hiver, après avoir opéré comme précédemment, tu referas les buttes avec de la terre mélangée avec du fumier pourri. Cette année-là tu ne récolteras qu'une seule asperge sur chaque butte, tu attendras la quatrième année pour faire une récolte complète qui ne s'arrêtera que vers le 15 juin. Alors les plants seront dans toute leur vigueur, et les turions seront de toute beauté. Ton aspergerie ainsi faite se maintiendra en bon rapport pendant douze ou quinze ans.

Chaque année, pour l'entretenir, il te suffira de lui donner du fumier de cheval, bien pourri, ou tout autre fumier, et de tenir la plantation dans un parfait état de propreté.

CRAMBÉ. — La culture du crambé ou chou marin est tout aussi facile que celle de l'asperge, si ce n'est plus. Écoute plutôt : — tu achèteras chez un marchand grainier des villes de la graine de crambé de l'année, et, au mois d'avril, quand les gelées ne seront plus à craindre, tu verseras sur les graines de l'eau bien chaude et les y laisseras pendant deux ou trois heures, afin de les ramollir. Au bout de ce temps, tu ouvriras quelques rigoles sur une plate-bande du jardin, à une profondeur de 2 centimètres et demi, et tu rempliras ces rigoles de graines, de façon à ce qu'elles se touchent presque, parce que, dans le nombre, beaucoup ne lèvent pas. Au bout d'une quinzaine de jours ou de trois semaines au plus, le crambé germera et sortira de terre à la manière des choux. En ce moment, tu prendras garde aux altises qui en sont très-friandes, et, pour les sauvegarder, tu les saupoudreras de cendres de bois. Quand les plants auront trois ou quatre mois, pas avant, tu les enlèveras et les repiqueras à demeure à 80 centimètres de distance l'un de l'autre ; puis tu arroseras copieusement avec de l'eau de fumier ou de l'urine de vache étendue d'eau. Autant que possible, tu choisiras, pour établir le plant, une terre légère, bien sèche ou bien drainée, car, dans un terrain frais, les racines seraient sujettes à la pourriture pendant l'hiver. La première année, tu ne songeras pas à la récolte du crambé ; tu te borneras à le sarcler de temps en temps, pour favoriser sa végétation. Dans le cas où quelques plantes chercheraient à monter à fleur, tu supprimerais les tiges et les boutons, afin de rendre de la force aux feuilles. Dès la seconde année, et aussitôt la sortie de l'hiver, tu verras pousser le crambé, et, dès que les pousses auront à peu près 3 centimètres, tu butteras pour les recouvrir de terre, et toujours en temps sec ; les pousses continueront de se développer dans la butte, et, aussitôt qu'elles t'apparaîtront, tu rechargeras cette butte de nouvelle terre, et ainsi de suite tous les deux ou trois jours, jusqu'à ce que les pousses aient au moins 15 centimètres. A ce moment, tu démoliras les buttes avec les mains, et par la base, jamais par le haut, afin de ne point rompre les jeunes feuilles étiolées. Quand elles seront bien à découvert, tu les couperas tout près de la souche, à l'exception de celles du cœur. Au bout de deux ou trois jours, la végétation repartira, et alors tu reformeras chaque butte et l'élèveras comme précédemment, afin de faire une nouvelle coupe sur chaque pied. Cette seconde coupe opérée, tu chercheras à en obtenir une troisième qui ne se fera pas longtemps attendre. A chaque récolte, tu passeras les jeunes pousses à l'eau bouillante pendant quelques minutes, à seule fin d'enlever leur amertume, puis tu les feras cuire, et les assaisonneras comme des choux-fleurs au blanc. Tu auras ainsi un nouveau et excellent légume dont tu te féliciteras. On pourrait obtenir plus de trois récoltes successives ; mais on fatiguerait les pieds outre mesure et l'on détruirait trop vite un plant qui peut se maintenir ordinairement pendant six ou sept années. Après la troisième récolte donc, tu étendras la terre des buttes parmi les crambés, et tu les laisseras pousser en toute liberté. Seulement, par cela même que les souches seront déjà fatiguées, la plupart des pieds auront de la tendance à se mettre à fleur. Tu les surveilleras par conséquent, et, au fur et à mesure que les tiges florales et les boutons se montreront, tu les rogneras avec les ongles. Cette opération rendra de la force au légume. La troisième année et les années suivantes, tu agiras comme précédemment ; seulement, j'allais oublier de te dire que tu feras bien d'arroser les pieds de crambé avec de l'engrais liquide toutes les fois que tu prendras une récolte, et aussi tous les printemps, dès que les premières pousses marqueront.

Quand on veut gagner une année, on éclate des souches de vieux crambé et on en replante les morceaux, mais les légumes obtenus de la sorte n'ont jamais ni la vigueur, ni le rendement, ni la durée des crambés reproduits de graines.

ARTICHAUT. — La culture des artichauts, pas plus que celle des asperges et crambés, ne présente de difficultés sérieuses. On peut les obtenir de graines ou d'œilletons, de graines quand l'on n'est point pressé, d'œilletons quand on tient à la récolte des têtes dès la première année. Dans le premier cas, on se procure de la semence d'artichaut, que l'on répand en lignes et sur un bon terreau, à 2 centimètres et demi de distance environ l'une de l'autre ; elle lève ordinairement au bout de trois semaines ou un mois, lorsque le temps est favorable. Dès que les larges feuilles ont 5 ou 7 centimètres, on enlève les plantes de la pépinière et on les repique en terre bien fumée, bien travaillée et très-profonde, en ménageant entre les pieds des intervalles de 1 mètre au moins. On arrose pour assurer la reprise, puis on laisse aller la plante en liberté. L'année suivante, elle donnera beaucoup de produits. Pour multiplier l'artichaut au moyen d'œilletons ou d'éclats, on achète ces œilletons chez les jardiniers au printemps, ou bien on les enlève soi-même des vieilles souches d'artichaut quand on en possède. L'éclatement est pénible et doit se faire avec la main, de façon qu'il reste toujours au moins un filet de racine au talon de l'éclat. La plantation de ces

Tète d'artichaut.

œilletons est des plus aisées : — on ouvre avec la houe des trous de 15 centimètres environ de profondeur, à 1 mètre au moins de distance l'un de l'autre. Dans chaque trou, on jette une fourchée de fumier de vache et une ou deux poignées de cendres de bois, on recouvre d'un peu de terre et l'on plante l'œilleton que l'on rechausse légèrement de nouvelle terre et sans trop presser avec la main. La plantation doit avoir lieu autant que possible le soir, afin de soustraire la plante à l'action immédiate du soleil. On arrose cinq ou six jours de suite, et deux fois par jour ; après quoi la reprise est assurée. Vers la fin de l'été, si l'on a soin de bien arroser en temps de forte sécheresse et de sarcler convenablement, on récoltera déjà d'assez belles têtes.

Les artichauts ne sont pas aussi sensibles au froid qu'on veut bien le dire, et il n'est pas rare d'en voir qui traversent de rudes hivers sans avoir été l'objet d'aucune précaution. Néanmoins, il est d'usage de les couvrir de fumier, ou de feuilles mortes, ou de capuchons de paille, ou tout simplement, enfin, d'une butte de terre. Ce dernier moyen, le plus facile à pratiquer, me paraît le meilleur; du moins c'est celui qui m'a le mieux réussi. Avec la paille, le fumier ou les feuilles, il faut donner de l'air aux pieds d'artichauts pendant les journées douces, et les recouvrir le soir. C'est à n'en pas finir. Avec la terre, tu n'auras rien à défaire et à refaire. Tu formeras la butte au moment des premières gelées, après avoir coupé les feuilles à moitié, et tu la bouleverseras vers la fin de mars. Chaque année, vers la fin d'avril ou de mai, quand les feuilles des vieux pieds d'artichauts auront environ 30 centimètres, tu éclateras les œilletons, de manière à ne laisser qu'une ou deux tiges sur la souche mère. Ces éclats te serviront pour renouveler ton plant et favoriseront en même temps la fructification des tiges éclatées.

Un plant d'artichauts demande à être renouvelé tous les trois ou quatre ans. Je ne lui connais d'ennemis sérieux que la casside verte, le puceron des racines, un charançon et les rats, qui recherchent ses racines pendant l'hiver.

Il y a plusieurs variétés d'artichauts, mais les plus productives entre toutes sont celles que l'on connaît sous le nom de gros vert de Laon, d'artichaut camus et de violet.

CARDON. — Le cardon, qui est une espèce d'artichaut, n'est point cultivé pour ses têtes, mais on le recherche à cause des larges côtes de ses feuilles. En deux mots, voici sa culture :

Tu achèteras de la graine de cardon inerme, c'est-à-dire sans épines aux feuilles ; tu feras de chaque côté d'une planche du jardin des trous de 8 à 10 centimètres de profondeur, et distancés entre eux de 1 mètre environ. Dans chaque trou, tu mettras une bonne poignée de terreau ou de vieille terre de couche ; tu y planteras trois graines et recouvriras de un centimètre.

Au bout d'un mois à peu près, quelquefois moins, les graines de cardon lèveront ; tu sarcleras avec beaucoup de précaution dans le voisinage des jeunes plants, parce qu'ils sont fort tendres et faciles à rompre. Au bout de huit jours, tu ne laisseras qu'un pied à chaque fosse et détruiras les plus faibles, trop sujets à monter quand on les repique. Tous les huit jours, tu renouvelleras les sarclages et arroseras en temps sec plusieurs fois par semaine.. Les cardons pousseront rapidement et prendront un développement de feuilles extraordinaire. Vers la fin de l'été, quand la croissance sera complète, tu songeras à faire blanchir ou étioler le légume. A cet effet, tu relèveras les feuilles par le dessous et les lieras en faisceau ; puis tu mettras un second lien à la partie moyenne et un troisième lien vers le haut. Les ligatures faites, tu entoureras la plante avec des cordons de paille et tu ne laisseras voir l'air et le jour qu'aux feuilles de l'extrémité.

Au bout d'une vingtaine de jours, l'étiolement sera complet et tu pourras livrer les côtes de cardon à la cuisine. Plus le cordon de paille est épais et serré, plus l'étiolement se fait vite ; plus il est mince et lâche, plus l'étiolement est lent. Tu donneras donc diverses épaisseurs à l'enveloppe de paille, afin de ne pas blanchir tous les cardons à la fois.

Souvent il arrive dans une plantation que des pieds de cardon se mettent à fleur la même année. Les pieds ainsi disposés à s'emporter doivent être supprimés, car les côtes de leurs feuilles n'auraient ni l'ampleur ni la qualité voulues.

RACINES DIVERSES. — Pour en finir avec les racines, il me reste à te dire quelques mots de la scorsonère, du salsifis, du scolyme et du chervis. Voilà quatre légumes que l'on ne rencontre pas aussi souvent qu'on le désirerait dans les potagers de nos campagnes. Je te conseille de les introduire dans le tien, afin de varier au besoin tes aliments et aussi d'avoir ces légumes sous la main en temps de carême, alors que la plupart des provisions sont épuisées.

Les racines dont je t'entretiens sont productives, agréables et ont le mérite de passer l'hiver en terre. La scorsonère est plus cultivée que les autres et porte assez généralement le nom de salsifis noir. Le véritable salsifis a la racine blanche et me paraît de qualité supérieure à la scorsonère. Si on le cultive moins, c'est parce que cette racine durcit beaucoup lorsque les tiges des la plante montent à fleur. Avec la scorsonère, cet inconvénient est à peine sensible ; que les tiges montent ou non, le légume reste bon. Le scolyme d'Espagne, que l'on appelle aussi chardon jaune, à cause de sa ressemblance avec cette plante, à cause de la couleur jaune de la fleur et des aiguillons de ses feuilles, est un légume bien connu dans le Midi, mais très-rare dans le Nord. Ses racines d'un blanc jaunâtre n'ont pas précisément la finesse de celle des scorsonères et des salsifis ; leur saveur est un peu prononcée, leur chair plus pâteuse, mais, en revanche, elles sont beaucoup plus longues et plus grosses. Le chervis, dont on mange également les racines, est un légume aujourd'hui peu répandu, mais qui autrefois était en grande réputation, au dire d'Olivier de Serres. Pour mon compte, je le trouve trop sucré, mais enfin tu en essayeras, et, dans le cas où tu ne serais pas de mon avis, tu pourras en continuer la culture.

Le terrain qui convient bien aux carottes, c'est-à-dire le terrain frais, propre, riche en vieux fumier, débarrassé de pierraille autant que possible, conviendra également aux racines dont je t'entretiens. Tu sèmeras la graine de scorsonère en avril et en lignes distantes l'une de l'autre d'environ 35 à 40 centimètres ; puis tu recouvriras avec soin, car les petits oiseaux sont très-avides de cette semence. Note bien, en passant, que la graine de l'année est de toute nécessité, que celle de deux ans a beaucoup de peine à lever ou ne lève pas du tout. En temps de sécheresse, tu arroseras matin et soir, afin de favoriser la levée ; après quoi tu sarcleras au fur et à mesure des besoins. Tu n'attendras pas que les grosses feuilles de la plante soient développées pour éclaircir sur les lignes ; dès que le brin sera saisissable, tu procéderas à cette opération. Trop attendre, c'est faire manger en pure perte, par des plantes que l'on supprimera, en engrais qui doit rester pour la consommation des scorsonères à demeure. Dans le cas où, durant le cours de la végétation, les scorsonères auraient de la tendance à s'emporter en tiges, tu ferais régulièrement la visite des planches et tu pincerais avec soin les tiges naissantes. Voilà toute la culture de la scorsonère.

Sous les climats du Nord, on peut dès la fin de l'année livrer les racines du légume à la consommation, en mettre une provision en cave pour l'hiver, et laisser le reste en place pour les mois de mars et avril. Sous les climats plus doux, les racines de scorsonère se développent moins vite, et souvent on ne les arrache qu'à la fin de la seconde année, en ayant soin, bien entendu, de les empêcher de se mettre en fleur, à l'exception d'un certain nombre d'échantillons réservés pour la semence. Tout en cultivant la scorsonère pour les racines, tu ne dédaigneras point les jeunes feuilles au printemps, lors de la seconde pousse ; tu t'en serviras pour préparer une salade assez estimée.

Quand on veut jouir de la scorsonère en plein été, il suffit d'en semer une planche ou deux dans le courant de juillet, d'arroser souvent pour bien lancer la végétation, de sarcler et d'éclaircir au besoin, de les laisser passer l'hiver en terre, de pincer rigoureusement les tiges qui voudraient s'emporter au printemps suivant, d'arracher au mois d'août

pour la consommation journalière. L'arrachage opéré, rien
ne t'empêchera de semer des navets de table en seconde
récolte.

La culture des salsifis est exactement la même que celle
de la scorsonère. Quant au scolyme d'Espagne, tu ne le
sèmeras pas d'aussi bonne heure que les racines précédentes, car il a trop de tendance à monter, et, chaque fois
que la plante s'emporte, le cœur de la racine devient très-
dur. Tu le sèmeras donc vers la fin de mai ou en juin, puis
tu le cultiveras de la même façon que la scorsonère, en
ayant soin toutefois de laisser entre les pieds un intervalle
de 40 centimètres en tous sens. Si, malgré toutes les attentions, beaucoup de plantes cherchent à s'emporter, et c'est
ce qui arrivera, tu ne considéreras point la récolte comme
perdue. Alors même que le cœur des racines deviendrait
fibreux, elles te donneraient encore de bons et beaux produits pour la cuisine. Il te suffira de les faire cuire et de
séparer ensuite les parties tendres des parties coriaces. On
recommande d'arracher le scolyme avant l'hiver, ou bien
de le couvrir d'une couche épaisse de feuilles sèches pour le
préserver des gelées. Cette précaution peut être bonne dans
les terrains très-frais, mais, dans les sols légers, elle ne me
paraît point indispensable. Si j'en juge par ce qui se passe
ici, le scolyme est moins délicat qu'on ne se plaît à le dire.

Tu sèmeras le chervis aussitôt après la sortie de l'hiver;
je crois même qu'on se trouverait bien de le semer dès l'automne, en octobre ou en novembre, afin de gagner un peu
d'avance sur la végétation. Tu le sèmeras, soit en place,
soit sur couches, pour le repiquer ensuite à la manière du
céleri. Tu lui réserveras les parties les plus fraîches et les
plus ombragées du jardin; tu laisseras entre les lignes un
intervalle de 30 à 35 centimètres, et sur les lignes, entre
les plantes, un intervalle de 20 à 25 centimètres seulement.
Tu ne saurais jamais donner trop d'eau à ce légume; avec

lui, selon l'expression des jardiniers, il faut toujours avoir l'arrosoir en main, sans quoi les racines prennent peu de développement et durcissent très-vite. Tu feras la récolte soit la première année à l'approche de l'hiver, soit à la fin de la seconde année, afin d'avoir de plus beaux produits. Pour gagner du temps, beaucoup de personnes renouvellent le chervis d'éclats, comme on renouvelle l'oseille, car ses racines sont nombreuses et forment touffe. Par ce procédé, on arrive, il est vrai, à en obtenir d'assez grosses la première année, mais, en retour, elles n'ont jamais la qualité des racines de semis qui ont passé deux ans en terre.

Comme toutes les plantes légumières, les racines dont il vient d'être parlé ont à souffrir de la voracité de quelques insectes, des larves du hanneton et des taupes, par exemple : mais les dégâts ont si peu d'importance que je ne m'y arrêterai point. Ce qui est à redouter surtout, durant l'hiver, c'est le voisinage des petits campagnols et des rats d'eau. Ainsi, il m'est arrivé de perdre des planches entières et de ne m'en apercevoir qu'au moment de l'arrachage définitif ; rien, malheureusement, ne trahit les ravages souterrains de ces animaux : les racines sont entièrement saccagées avant qu'on soupçonne le mal. Durant plusieurs années de suite, tes racines seront épargnées ; d'autres fois, sans que l'on sache comment s'expliquer ce caprice des rongeurs, elles seront totalement détruites.

Quand tu ne voudras pas courir les chances, tu récolteras avant l'hiver, et tu mettras les produits en cave dans du sable frais.

COURGES. — Passons à un autre genre de légume, très-médiocrement apprécié dans les pays du Nord, mais fort recherché chez nous. Je veux te parler des courges et des pâtissons. Qui dit courges dit potiron ou citrouille, ne l'oublie point. Il y en a de toutes les couleurs et de diverses qualités. Les plus grosses sont les potirons jaunes de

Paris, les citrouilles de la Touraine et le potiron vert d'Espagne. Ces courges laissent à redire, et, pour mon compte, je leur préfère certaines petites races, et notamment la courge à la moelle, ou moelle végétale des Anglais, la courge longue de Barbarie et la courge d'Italie. On vante beaucoup celle de Valparaiso ; on la dit très-fine et très-sucrée. Je veux bien admettre ces qualités, puisqu'on s'accorde à les reconnaître ; seulement je ne garantis rien, car je ne la connais pas.

Quant aux pâtissons jaunes, verts ou variés, que l'on nomme aussi artichauts de Jérusalem, et qui contribuent à orner un jardin, ce sont de bizarres et charmantes petites courges qui ont le mérite de ne pas occuper beaucoup de place, de ne pas s'étendre, de former touffe et de donner des fruits d'excellente qualité. Je te conseille donc tout particulièrement la culture du pâtisson.

Comme toutes les courges, le pâtisson est très-sujet au croisement ; alors il perd et ses caractères extérieurs et ses qualités. Toutes les fois donc que tu le cultiveras côte à côte ou dans le proche voisinage de la moelle végétale ou de la courge verruqueuse, les graines qui en proviendront ne reproduiront pas fidèlement le type. Les fruits s'allongeront, soit en empruntant à la moelle végétale sa peau lisse et son vert pâle, soit en se couvrant de verrues.

La culture des courges, en général, ne présente aucune difficulté. Tu prendras de la graine de l'année ou des années précédentes, — car elle est de très-longue garde, — et quand les gelées ne seront plus à craindre, vers la fin d'avril ou au commencement de mai, tu la feras lever sur couche, ou, à défaut de couche, sur un tas de fumier recouvert de trois ou quatre doigts de bonne terre. En moins d'une semaine, la graine germera et lèvera. Huit jours environ après la levée, tu enlèveras les plants un à un et les repiqueras en place dans d'excellent terreau ou de la terre fortement fumée ; puis tu te méfieras des limaces, qui sont très-avides de ces jeunes plantes. Tu mettras les courges coureuses, comme celles à la moelle, le potiron ou la citrouille de Touraine, à 3 mètres au moins l'une de l'autre : quant à la courge de Barbarie et aux pâtissons, qui ne courent point, tu ne les éloigneras pas à plus de 1 mètre.

Aussitôt repiqués, aussitôt arrosés. Les courges demandent beaucoup d'eau ; c'est pour cela précisément aussi qu'elles demandent beaucoup de fumier, car l'eau délave et épuise le terrain. En temps de sécheresse, tu donneras à chaque pied de courge, matin et soir, au moins un quart d'arrosoir d'eau, et tous les quinze jours tu délayeras dans cette eau deux poignées de colombine de volaille, l'engrais par excellence pour cette sorte de légume.

Si tu veux du gros, en fait de courge coureuse, tu ne laisseras porter qu'un ou deux fruits au plus à chaque pied. Aussitôt qu'ils seront bien formés, tu couperas les tiges à deux nœuds au-dessus de ces fruits. Avec les courges non coureuses, tu ne supprimeras rien.

Tu auras soin, en temps chaud, de ne pas rompre les feuilles qui ombragent les courges, parce que le soleil durcirait leur peau et les empêcherait de se développer ; tu les arroseras, au contraire, pour maintenir la peau tendre et élastique.

Dans la première quinzaine d'octobre, alors que les premières gelées auront détruit les feuilles de la plante, tu récolteras et les grosses et les petites courges, toujours par un temps sec, et tu les conserveras sur des planches dans une chambre chaude ou à la cuisine. A la cave, elles pourriraient vite ; au grenier ou à la grange, elles pourraient geler, tandis qu'à la cuisine, on les conserve aisément tout l'hiver.

CONCOMBRES. — Puisque nous en sommes sur la culture

des courges, je te dirai, en passant, que celle des concombres ou cornichons est absolument la même. Tu sèmeras les graines à la même époque que celle des courges, tu repiqueras à 60 ou 70 centimètres de distance, tu arroseras copieusement, mais tu ne retrancheras rien aux tiges. Au fur et à mesure que les concombres auront la grosseur voulue, tu les cueilleras pour les confire au vinaigre. Tu n'en laisseras développer complétement qu'un petit nombre pour les besoins journaliers de la cuisine ou à titre de porte-graines.

NAVETS. — Maintenant je vais te parler des navets. Ces légumes occupent une large place dans les préparations culinaires ; toutefois, ce n'est pas une raison pour leur en accorder une aussi large parmi les cultures du potager. Qu'on les y introduise en seconde, en troisième récolte, faute de mieux, nous le comprenons ; mais il nous semble que l'on ferait bien de réserver un terrain de choix, comme celui du jardin, à des légumes délicats et difficiles, et d'envoyer aux champs ceux qui, par exemple, ainsi que les navets, pourraient y prospérer et y donner souvent des produits meilleurs qu'autre part. Il est bien établi que la plupart de nos navets en renom proviennent des terres maigres et sont cultivés en plein champ ; or, à quoi bon les admettre dans un jardin, où ils ne peuvent que perdre en qualité et prennent une place au préjudice des légumes fins?

Cette observation faite, je te dirai que les navets de table sont de trois sortes : 1° les *navets secs*, c'est-à-dire peu aqueux, à grain fin et ne tombant pas facilement en pâte à la cuisson ; 2° les *navets tendres*, qui cuisent plus vite et tombent en bouillie ; 3° enfin les *navets demi-tendres*, qui tiennent des uns et des autres, c'est-à-dire qui ne sont ni précisément tendres ni précisément durs.

Les navets secs sont les plus estimés de tous et conviennent particulièrement aux ragoûts. Les meilleurs de cette

catégorie sont le navet de Freneuse, très-recherché sur les
marchés de Paris ; le navet de Meaux, le navet de Maltot,
le navet de Berlin, ou petit telteau, le navet de Saulieu et le
navet d'Orret. Parmi les navets tendres, je signalerai le
navet des Vertus, le navet bouteille des Flandres, le navet
marteau, qui me paraît être une sous-variété des précédents,
le navet balle de neige des Anglais, le navet des Sablons,
qui ressemble à une toupie, le navet rose du Palatinat, et
enfin les navets blanc plat et rose plat, dont le principal
mérite consiste dans la précocité. Parmi les navets demi-
tendres, enfin, je te recommanderai le noir sucré d'Alsace,
le noir plat d'Allemagne, le gris de Morigny, le navet boule
d'or, d'un jaune franc et d'une forme tout à fait sphérique,
le navet de Finlande, également jaune et rond, mais très-
aplati en dessous et même profondément déprimé ; le jaune
de Malte, en forme de toupie, le jaune d'Angleterre, rond,
gros, hâtif, et d'un jaune très-affaibli ; enfin le navet de
Jersey, gros, long et d'une blancheur appétissante.

Si la terre dont tu disposes est argileuse ou très-riche, tu
n'y sèmeras que des navets tendres ou demi-tendres. Si,
au contraire, la terre est pauvre, légère, d'un labour
très-facile, tu sèmeras les navets secs, qui y réussiront bien.

Ne te hâte point de faire les semis de navets, car, d'ordinaire, ceux que l'on sème à la sortie de l'hiver, en vue de
les récolter de bonne heure, montent presque tous à fleur
et ne donnent pas des racines mangeables, à moins pourtant que la saison du printemps ne soit humide et un peu
froide. Dans ce cas, même en semant dans la seconde quinzaine de mars les navets rose et blanc plats, principalement, on peut espérer une récolte satisfaisante. Mais, je
t'en préviens, c'est une loterie où l'on n'est pas sûr d'amener un bon numéro une fois sur dix. Ceux qui sèment les
navets dans les premiers jours du printemps, et cela se
voit en Belgique et en Angleterre, ne le font qu'en vue de

récolter les feuilles, que l'on mange à la manière des feuilles de chou, au gras ou au maigre.

Pour être sûre d'obtenir de bonnes racines, tu ne sèmeras pas les navets avant le mois de juin, et tu continueras les semis de quinzaine en quinzaine jusqu'à la fin d'août. En t'y prenant de la sorte, tu auras non-seulement des légumes de bonne qualité, mais encore tu n'auras pas à craindre les ravages des altises, comme si tu semais de bonne heure.

Dans les temps ordinaires, quand il n'y a ni excès de sécheresse ni excès d'humidité, les navets acquièrent leur développement complet dans l'espace de deux mois environ, et ont une saveur douce et sucrée; dans les temps de sécheresse soutenue, au contraire, leur développement est moins rapide, et ils prennent une saveur prononcée, très-désagréable. On dit alors qu'ils sont *forts.* Donc, dans la culture maraîchère, il convient, pour éviter cette saveur dans les années chaudes, d'arroser souvent et abondamment. Lorsqu'on sème les navets de trop bonne heure, la saveur forte est également à craindre. Pourquoi? Je l'ignore. Il me semble que, dans le cas particulier, on arrive à ce mauvais résultat uniquement parce que l'on contrarie la nature. Et, en effet, tu remarqueras que les navets ne se ressèment jamais naturellement en mars, avril ou mai; tu remarqueras que leurs graines n'arrivent à maturité et ne tombent à terre que vers la fin de juin ou en juillet. Ceci est dans l'ordre des choses, et nous n'avons rien à gagner à vouloir troubler cet ordre; au contraire, nous avons tout à y perdre.

Tu sèmeras les navets en lignes, comme tout autre légume, afin d'économiser sur les frais de sarclage et de binage. Tu ne sèmeras que de la graine de bonne mine, c'est-à-dire claire, car avec la graine de couleur sombre, la levée n'est pas sûre. Pour les semis faits de bonne heure, la graine de deux, trois et quatre ans est celle qui convient le mieux;

ses facultés germinatives sont plus ou moins paralysées, et les plantes qui en proviennent ont moins de tendance à monter à fleur. Quant aux semis tardifs, la graine nouvelle est toujours préférable.

Tu éclairciras les navets, sur les lignes, le plus tôt possible et laisseras entre eux un espace de 34 centimètres au moins, car mieux l'air et la lumière circulent, moins les fanes s'emportent et mieux la racine se forme. Quand on laisse les navets trop serrés, ils se gênent, s'affament, et ceux du milieu de la planche ne tardent pas à jaunir et à rentrer pour ainsi dire en terre. C'est ce que l'on remarque souvent lorsqu'on sème les navets à la volée. Avec eux, il vaut mieux éclaircir à l'excès que d'éclaircir en lésinant; ce que l'on sacrifie en espace, on le gagne en développement de la racine et en rapidité de ce développement.

De toutes les plantes potagères, le navet est peut-être celle qui aime le plus ses aises et qui donne les plus mauvais résultats quand on ne les lui accorde pas. Place le navet dans un terrain qui ne lui convient point, dans une terre forte, par exemple, et tu verras qu'il y deviendra véreux et impropre à la cuisine. Sème-le trop serré, et tu verras que, dans n'importe quel terrain, il jaunira par les feuilles, avortera et prendra la saveur forte que nous redoutons tant. Aussi ferait-on bien, dans la culture jardinière, d'éclaircir à la manière des Flamands, qui passent la herse dans les navets en seconde récolte, et n'osent pas regarder derrière eux, à cause de l'importance du ravage qu'ils commettent, ravage nécessaire, pourtant.

Tu récolteras les navets le plus tard possible, quand leur croissance sera complète et que la température, déjà basse, annoncera la venue prochaine de l'hiver. Pour bien les conserver, tu les empileras dans le jardin même, en lieu sec, autant que possible, presque sans les enterrer. Tu recouvriras le tas d'un capuchon de paille, et sur cette paille tu mettras de la terre ou du gazon en abondance pour qu'ils n'aient rien à craindre des fortes gelées. Tu pourras aussi conserver les navets dans un cellier bien aéré ; ils y seront moins exposés à l'échauffement et à la pourriture que dans une cave profonde, où la température est presque toujours trop élevée. Dans le cas, cependant, où, pour quelque raison que ce soit, tu devrais conserver les navets en cave, je te conseillerais de ne point les jeter pêle-mêle dans un coin de cette cave, comme cela arrive trop souvent. Tu devras choisir la partie la mieux aérée et y empiler les racines par lignes simples, de façon à ce que l'air soit constamment renouvelé et que la plante, par conséquent, ne puisse s'échauffer et tomber en pourriture. Règle générale, n'oublie point ceci : quand on veut conserver un produit, il faut le soustraire le plus possible à l'air, ou, quand on ne peut l'y soustraire, s'arranger de façon que l'air en question ne dorme ni ne s'échauffe. Exemple : tu conserveras très-bien les navets, pendant un temps assez long, en les couvrant de sable frais ou de terre fine, parce que ce sable et cette terre chasseront l'air et prendront sa place. Mais, dès qu'il s'agit d'une conserve un peu importante, il devient difficile de recourir à ce moyen, car il exige beaucoup de main-d'œuvre et prend trop d'espace. Tant que nous n'avons que quelques centaines de racines à mettre en cave, le procédé est excellent ; mais quand nous avons affaire à des quantités considérables, il faut, bon gré, mal gré, y renoncer. Eh bien, le cas se présentant, tu feras en sorte d'empiler tes racines à la manière du bois de corde et de les mettre en telle position que l'air coure à travers et n'y tiédisse point. Ainsi, tu feras bien de ne pas les appuyer au mur et de les rapprocher autant que possible du courant d'air.

Les navets, quelque précaution que l'on prenne, sont assez sujets à la pourriture ; toutefois, tu te rappelleras que les secs résistent plus longtemps que les tendres. Tu devras, par conséquent, livrer ceux-ci à la consommation en premier lieu, et réserver ceux de bonne garde pour la fin.

Tu feras ta graine de navet, et, à cet effet, tu conserveras des racines de grosseur moyenne et de jolie forme, soit en place, où elles passent quelquefois très-bien l'hiver, soit arrachées et recouvertes de terre dans le jardin même. En cave, cette conservation me paraît très-difficile, parce que les racines y donnent des pousses de bonne heure, souvent même au beau milieu de l'hiver, et qu'après s'être ainsi épuisées en jets étiolés, elles ne valent plus rien comme semenceaux. Toute racine conservée sur place ou arrachée sera repiquée dans le courant de mars ou au commencement d'avril, à la manière des pieds de chou, et traitée exactement de la même façon. Il va sans dire que tu auras soin d'éloigner le plus possible les diverses variétés de navets les unes des autres, sans quoi elles se croiseraient immanquablement et donneraient des produits différents des types à reproduire. Pour éviter même tout inconvénient de ce genre, tu feras bien de ne produire chaque année que la graine d'une même sorte de navet, graine qui se maintiendra bonne pendant plusieurs années.

Je ne connais qu'un insecte vraiment redoutable pour le navet : c'est l'altise ou puce de terre. On a employé divers moyens afin de s'en débarrasser, mais aucun n'a réussi à souhait. Les uns sèment de la chaux vive sur les jeunes plantes, les autres y sèment de la cendre ; ceux-ci arrosent avec un mélange d'urine et d'eau de savon, ceux-là ont recours à des engrais pulvérulents d'une odeur repoussante ; d'aucuns recommandent de mettre les graines de navets pendant vingt-quatre heures dans de la fleur de soufre avant de les semer ; il en est, enfin, qui se contentent d'arroser très-souvent les jeunes navets et qui s'en trouvent bien. Quant à moi, je me contenterais de ce dernier procédé, le plus efficace de tous ; mais il n'est pas possible d'avoir toujours l'arrosoir en main. Les autres moyens indiqués plus haut réussissent quelquefois, mais non toujours ; néanmoins, tu ne les dédaigneras pas.

HERBAGES. — Un mot à présent sur ce que l'on pourrait appeler les herbages de la cuisine, à savoir : les épinards, la tétragonie cornue ou étalée, le quinoa du Pérou, l'arroche belle-dame, la bette poirée et l'oseille. Ces herbages, par cela même que leur principal mérite consiste à rendre beaucoup en feuilles, ont besoin nécessairement d'une terre riche en vieux fumier, un peu fraîche et suffisamment ombragée.

ÉPINARDS. — En tête de la série, je place les épinards, parce qu'ils sont connus de tout le monde et d'une culture à peu près générale. Il y en a deux variétés bien distinctes : 1° l'une à graines épineuses ou piquantes, qui comprend l'épinard commun et l'épinard d'Angleterre ; 2° l'autre à graines rondes ou lisses, qui comprend l'épinard de Hollande ou à feuilles rondes, et l'épinard d'Esquermes ou à feuilles de laitue. Les épinards à graines épineuses sont les plus robustes, passent mieux l'hiver que les autres ; ils blanchissent moins à la gelée et résistent plus longtemps au soleil sans monter. Aussi les jardiniers les adoptent-ils pour les semis d'été. Les épinards à graines rondes et lisses sont beaucoup plus productifs que les précédents et fort recherchés à ce titre. Quoique plus tendres que les races communes et d'Angleterre, ils passent assez bien les hivers rudes, et, pour mon compte, je les leur préfère pour les semis d'automne.

La culture de ce légume n'offre aucune difficulté. Prends de la graine nouvelle, mets-la dans de l'eau tiède avec une poignée de cendres de bois ; attends quatre ou cinq heures, puis sème-la en lignes distantes l'une de l'autre de 20 centimètres environ. Fais cette opération dans la seconde quinzaine d'août ou au plus tard dans la première huitaine de septembre. Les graines lèveront promptement et le légume sera déjà bien enraciné quand viendra l'hiver. Dans le cas où tu craindrais le froid, tu pourrais répandre sur les planches une certaine quantité de feuilles sèches que tu enlèverais au printemps avec le râteau. Tu ne t'effrayeras pas de la couleur des feuilles d'épinards après la rude saison ; elles feront mauvaise mine, mais, grâce aux journées douces et à des arrosages au purin que tu devras leur donner, elles ne tarderont pas à reprendre leur caractère vigoureux et leur couleur naturelle. Ces épinards d'automne te donneront deux bonnes récoltes et une récolte moyenne. Avec les semis du printemps, surtout si les chaleurs se produisent de bonne heure, tu ne pourras compter que sur deux récoltes au plus, et encore pas toujours. Les épinards monteront presque de suite à graines. Aussi les jardiniers qui ont besoin de ce légume en tout temps sont-ils obligés de semer tous les quinze jours au printemps et en été et d'arroser en abondance.

Pour obtenir de bonne graine d'épinards, tu laisseras de côté, sans y toucher, quelques beaux pieds provenant d'un semis d'automne. La graine récoltée pourra te servir pendant deux ou trois ans.

TÉTRAGONIE. — Le peu de durée des épinards et la difficulté de les maintenir durant les fortes chaleurs de l'été ont amené les amateurs à chercher quelque autre légume propre à les remplacer dans cette saison. C'est ainsi que l'on a proposé la tétragonie étalée et le quinoa qui, à notre avis, valent bien les épinards, s'ils ne valent mieux, et ont sur eux l'incontestable avantage de fournir un abondant feuillage à l'époque des sécheresses.

La tétragonie a été importée en Angleterre par le capitaine Cook vers la fin du siècle dernier. De là, on l'a introduite en France et en Belgique vers 1812. Et cependant ce légume est à peine connu ; on ne le rencontre guère que chez les amateurs de jardinage, non chez les jardiniers de profession. En voici la raison : — la graine est capricieuse dans la levée, et il arrive souvent que des planches entières ne donnent pas plus de deux ou trois plantes. Il n'en fallait certes pas davantage pour faire éloigner la tétragonie de nos potagers. Il y a un moyen toutefois de l'y amener, c'est de forcer les graines à germer promptement, et ce moyen, que nous avons employé à diverses reprises, nous a bien réussi. Le voici : il consiste à placer les graines dans une terrine, à verser de l'eau dessus et à les laisser dans cette eau pendant huit ou dix jours. Après cela, et quand les gelées ne sont plus à craindre, c'est-à-dire dans la première quinzaine de mai, on plante les graines en rayons, à 2 ou 3 centimètres l'une de l'autre, puis l'on mouille la terre tous les jours en temps de sécheresse avec l'arrosoir à pomme. En opérant de la sorte, on peut être sûr qu'un grand nombre de plantes lèveront. Dès qu'elles ont 5 centimètres à peu près, on les éclaircit et on les transplante à 80 centimètres ou 1 mètre de distance ; après quoi on les arrose de temps en temps avec de l'eau de fumier ou de l'urine de vache affaiblie par de l'eau ordinaire.

Ainsi traitée, la tétragonie pousse avec une rapidité incroyable et s'étale en nombreuses branches sur le terrain. On me dit que, sous le climat de Paris, ces branches ne dépassent guère un pied ; ici, sous le climat de l'Ardenne, nous sommes plus heureux : il n'est pas rare de compter sur un seul pied de tétragonie, de quarante à cinquante rameaux qui atteignent de 60 à 80 centimètres de longueur. Ces rameaux se chargent de feuilles nombreuses, de la forme de celles de l'épinard, mais très-épaisses et se réduisant peu à la cuisson. Avec une douzaine de pieds de ce légume, il y a de quoi, sans mentir, subvenir aux besoins d'un gros ménage ; au fur et à mesure qu'on cueille ces feuilles pour le service de la cuisine, il convient d'arroser, afin de relancer la végétation ; et, pour mieux réussir, il convient aussi de tailler l'extrémité des branches pour obtenir l'émission de nouveaux rameaux.

Je ne te dirai rien des porte-graines de la tétragonie. Dans les contrées douces de la France, ce légume peut mûrir sa semence ; mais, en se rapprochant du Nord, la chose devient douteuse. Cependant j'ai obtenu des graines excellentes en 1857. Dans le cas où l'on pourrait compter sur la maturité, on ferait bien de conserver à part deux ou trois pieds auxquels on ne touchera pas, si ce n'est pour en pincer légèrement les extrémités afin de refouler la séve vers les graines.

QUINOA. — Le quinoa on anserine quinoa du Pérou est un légume aussi peu connu que la tétragonie, mais dont la réussite me paraît assurée au Nord comme au Midi. Les Péruviens le cultivent surtout pour les graines qui rendent énormément et dont ils font des gâteaux ; ici, nous ne le cultivons que pour les feuilles qui ressemblent, à s'y méprendre, à celles d'une mauvaise herbe, très-commune dans nos jardins et nos champs, et que les botanistes appellent anserine blanche.

Je crois que l'on pourrait, sans inconvénient, semer la graine de quinoa à l'arrière-saison ; cependant, je n'en suis pas sûr et n'ose te le recommander. Tu la sèmeras donc dans le courant d'avril, en lignes séparées l'une de l'autre de 40 à 50 centimètres. Aussitôt la levée, tu éclairciras sur les lignes et ne laisseras pas moins de 40 centimètres d'intervalle entre les plants. Plus le quinoa est serré, plus il a de peine à se développer ; c'est un légume qui a besoin d'espace. Tu le sarcleras tous les huit jours au printemps et l'arroseras en temps sec. Dès que la plante aura de 50 à 60 centimètres de hauteur, tu récolteras les feuilles une à une, ou, pour aller plus vite, tu rogneras les extrémités des rameaux, puis tu arroseras avec de l'engrais liquide afin de relancer la végétation.

Les feuilles du quinoa, cuites en épinards, sont délicates et valent pour le moins ce dernier légume. Je ne leur sais qu'un inconvénient : c'est d'être chargées en dessous d'une poussière blanchâtre et en quelque sorte savonneuse, qui produit sur les doigts une impression assez désagréable. Mais ce n'est point là une raison pour les rejeter.

Les graines de quinoa sont recherchées par la volaille.

ARROCHE. — L'arroche belle-dame ou bonne-dame est cultivée dans un grand nombre de potagers, non-seulement pour servir à la préparation des soupes vertes, mais aussi à titre d'épinards. J'en connais deux variétés : 1° celle à feuilles blondes ; 2° celle à feuilles rouges. L'une et l'autre sont d'un très-bel effet. Les feuilles de la blonde sont appétissantes ; celles de la rouge, surtout quand le soleil les frappe, animent le potager de leur éclat ; seulement, elles ont sur les précédentes le désavantage de colorer désagréablement la soupe et de fournir un épinard d'un aspect repoussant. Le plus souvent, on ne sème pas l'arroche en planches ; on se borne à en éparpiller les graines çà et là dans le potager, parmi les autres cultures. Toutefois tu peux en semer à part et en lignes. A cet effet, prends de la graine nouvelle, attendu que celle de deux ans ne vaut rien. Répands-la dès l'automne ou à la sortie de l'hiver dans des rigoles très-peu profondes ; recouvre à peine, et ne t'en occupe plus que pour sarcler et éclaircir. Les semis de l'automne gagnent une avance de douze à quinze jours sur ceux du printemps, et c'est là un point essentiel à constater, car il importe que ce légume arrive de très-bonne heure.

Une fois que l'on a semé l'arroche, il n'y a plus à prendre souci de sa reproduction. En laissant se développer et grainer quelques pieds sur divers points du jardin, le légume se multiplie de lui-même, et souvent plus qu'on ne le voudrait.

Les feuilles d'arroche me semblent bien inférieures en qualité à celles des herbages dont il vient d'être question.

Leur saveur est fade et se rapproche beaucoup de celle des feuilles de bette-poirée, ou même de betterave, que l'on apprête aussi en épinards dans un grand nombre de localités, et notamment dans le Brabant en ce qui concerne les feuilles de betteraves.

BETTE-POIRÉE. — Puisque nous avons parlé de la bette-poirée, continuons. — On la cultive à deux fins, tantôt pour en manger les feuilles, ainsi qu'on vient de le voir, tantôt pour ne consommer que les côtes, connues sous le nom de *cardes*. De là le nom de bette à cardes appliqué à une variété de la bette-poirée. La bette-poirée proprement dite n'a pas les côtes larges et doit être semée en lignes rapprochées et assez dru, dans le courant de mars ou en avril. Elle demande beaucoup d'engrais, du fumier de vache surtout, beaucoup d'eau et de fréquents sarclages. On en coupe les feuilles pour la consommation, comme on coupe celles de l'épinard, et, pour en relever le goût, on l'associe à l'oseille.

La bette à cardes, qui n'est, avons-nous dit, qu'une variété de la bette-poirée, est principalement cultivée pour ses côtes ; mais, au fur et à mesure de la récolte, les parties vertes peuvent être consommées comme celles de la précédente, c'est-à-dire associées à l'oseille.

Tu sèmeras cette bette dans le courant de mars ou d'avril et en lignes ; tu la sarcleras avec soin ; puis, quand elle aura environ 15 centimètres de hauteur, tu la déplanteras ; tu rogneras l'extrémité de ses plus grosses feuilles et repiqueras en bonne terre, un peu à l'ombre et vers le soir. Aussitôt le repiquage fait, à 60 centimètres de distance à peu près, tu arroseras copieusement, et deux ou trois jours de suite, avec du purin étendu d'eau, et, dès le mois d'août, tu obtiendras de superbes feuilles ; tu commenceras la récolte en coupant les plus grosses ; tu arroseras ensuite, et il en repoussera de nouvelles.

Les bettes à cardes sont de plusieurs couleurs ; il y en a

de blanches ou blondes, de lisses ou cloquées, de rouges, de jaunes, d'orangées, de vertes, etc. C'est ce qui fait de cette culture variée une culture à grand effet ; mais je te donne le conseil de cultiver surtout les blanches et les jaunes ; les rouges sont peu délicates ; les vertes ont une saveur désagréable.

Si tu veux obtenir de la graine de bette à cardes, tu conserveras plusieurs pieds auxquels tu ne toucheras pas, des pieds repiqués, bien entendu ; tu les encapuchonneras avec de la paille pendant l'hiver, et leur donneras de temps en temps de l'air pour qu'ils ne pourrissent point. A la sortie de l'hiver, tu les découvriras, les bineras, les fumeras, et tout sera fait. Il ne te restera plus qu'à leur donner des tuteurs quand les tiges deviendront grandes, et à tordre le dessus de ces tiges quand les graines seront formées, afin de ralentir le mouvement de la séve et d'arrêter ainsi la végétation, qui, dans les porte-graines de cette sorte, et sous les climats humides notamment, se poursuit outre mesure.

OSEILLE. — Il nous reste maintenant à dire un mot de l'oseille. Ainsi que les légumes qui précèdent, cette plante aime les bons terrains. Je sais bien qu'elle réussit partout ; mais je sais bien aussi que dans les sols pauvres et maigres elle donne moins de feuilles qu'autre part, et des feuilles plus acides. Tu te procureras de la graine nouvelle, de la graine d'oseille de Fervent principalement, parce que de toutes les variétés c'est la plus productive. Tu sèmeras cette graine sur d'excellent terreau, tu l'enterreras à peine, tu l'arroseras souvent, et, dès qu'elle sera levée, tu l'éclairciras. Quand l'oseille aura 5 centimètres environ, tu l'enlèveras de la pépinière et la repiqueras en bordure, en laissant un intervalle de 15 centimètres entre les pieds. Le repiquage opéré, tu arroseras soit avec de l'eau de fumier affaiblie, soit avec de l'urine de vache également affaiblie, soit avec de l'eau de savon.

Tu ne permettras jamais à ton oseille de monter à graines ; tu couperas les tiges au fur et à mesure qu'elles se
montreront. Au bout de trois ou quatre ans, les feuilles
diminueront de volume ; alors tu songeras à renouveler le
plant, et, pour le renouveler, tu auras recours de nouveau
au semis. La multiplication de l'oseille par éclats, c'est-à-
dire en déchirant les racines, ne donne jamais d'aussi beaux
résultats que la graine.

Après les herbages à cuire, nous parlerons, si tu le veux
bien, des herbages crus, c'est-à-dire des salades, telles que
laitues de diverses sortes, chicorées-endives, valérianelle
ou mâche, valériane d'Alger, valériane corne d'abondance,
raiponce, picridie et pourpier. Nous pourrons même y joindre les annexes naturelles qui sont la betterave et le céleri.

LAITUE. — Tu sauras qu'il existe deux sortes de laitues,
celles qui pomment et celles qui se coiffent, autrement dit
les laitues pommées et les romaines ou chicons. Je t'entretiendrai d'abord des laitues pommées, non point de toutes,
mais de celles qui me paraissent les meilleures. Les personnes qui veulent en avoir de très-bonne heure et qui ont
l'avantage de vivre sous un climat assez doux, sèment d'ordinaire à l'arrière-saison une laitue robuste et de qualité
très-médiocre, qu'on appelle la laitue de la passion et aussi
la morine. On repique cette laitue près d'un mur, à bonne
exposition ; on la protége pendant l'hiver au moyen de
paillassons, et, au printemps, on obtient une salade qui
paraît bonne, parce qu'elle est rare et que la verdure manque partout. La laitue à cordon rouge passe bien l'hiver
aussi et est préférable à la précédente. Ceux qui ne sont pas
trop pressés font un meilleur choix et sèment dans le courant de mars, sur bon terrain et en pépinière, la grosse
blonde paresseuse, la laitue turque, la blonde de Versailles, la blonde de Berlin et la palatine. Voilà des laitues
pommées qui se recommandent par leur volume et par

leurs qualités. Dans beaucoup de localités, et notamment
dans les contrées du Nord, on sème les laitues à demeure
et à la volée. Pour mon compte, j'aime mieux les semis en
lignes et le repiquage, car, avec les semis en lignes, les
sarclages sont plus rapides et moins coûteux, et avec le
repiquage, les pommes des laitues prennent plus de développement et sont mieux étoffées. Les semis se font dans
le courant de mars, et les repiquages quand le légume
a 8 ou 10 centimètres de hauteur. Si je n'avais pas le temps
de soigner mon potager convenablement, et si, en outre, je
consommais très-peu de salade, j'adopterais, sans hésiter,
la variété dite grosse blonde paresseuse, car elle ne demande pas beaucoup de soins et ne monte pas vite. Dans
le cas contraire, je lui préférerais les variétés turque,
blonde de Versailles, blonde de Berlin, la première surtout,
qui, toutes, sont d'une grande délicatesse.

Les laitues, pour être bonnes, c'est-à-dire tendres, doivent être copieusement arrosées. Quand la consommation
ne répond pas à la production, et que les laitues pommées, lasses d'attendre, finissent par s'emporter en tiges,
il n'y a pas à se lamenter : on prend les tiges en question,
on les coupe par petits morceaux, on les pèle et on les fait
cuire au blanc.

Les laitues ne mûrissent pas partout leurs graines ; en
Ardenne, par exemple, nous ne pouvons pas y compter.
Mais quand la maturité peut avoir lieu, on laisse, à cet
effet, dans les planches, les échantillons les mieux pommés, et, dès que les tiges ont pris quelque développement, on
les soutient avec des tuteurs. Il va sans dire que les laitues
réservées à titre de semenceaux doivent avoir été repiquées.

Les laitues romaines ou chicons ne pomment pas ; elles
se coiffent ou ont de la disposition à se coiffer. Les feuilles
ne se chiffonnent point et n'ont pas la mollesse propre aux
laitues pommées ; elles sont cassantes et juteuses, sans pour

cela cesser d'être tendres. Il y a diverses sortes de romaines. Celle qui produit le plus, mais qui n'est pas la plus délicate, est l'alfange à graines noires, qui, ordinairement, se coiffe seule et monte très-lentement. La grise maraîchère et la romaine verte sont bien préférables à la précédente, plus tendres, plus cassantes, meilleures sous tous les rapports, mais aussi il faut les aider à se coiffer, c'est-à dire les lier pour étioler les feuilles du cœur, et les consommer vite, parce qu'elles montent presque toutes en même temps et avec une grande rapidité. Dans ces derniers temps, on a parlé d'une romaine panachée et améliorée, mais, à mon avis, elle n'a guère que le mérite de l'originalité. Il y a dans son feuillage quelque chose de triste et de duveteux qui n'est pas appétissant. On peut semer les romaines en lignes et à demeure, mais, comme pour les premières laitues, je te conseille le repiquage; avec la transplantation, les produits sont toujours plus beaux.

Avec les romaines, comme avec les laitues pommées, tu réserveras pour porte-graines les plantes repiquées qui se coifferont le mieux et présenteront le plus de volume.

On a dit souvent et l'on répète que les larves du hanneton sont des ennemis redoutables pour les laitues. Cela est vrai ; mais, quels que soient les ravages, il en reste toujours assez pour la consommation. Sous le climat d'Ardenne, je n'ai jamais eu beaucoup à souffrir de ces larves, et je redoute bien autrement celles des taupins ou vers jaunes et les iules ou mille-pieds qui s'attaquent principalement aux plants transplantés, et à partir du moment de la transplantation jusqu'à la reprise.

Pour avoir constamment des laitues pommées, on doit renouveler les semis de quinze jours en quinze jours, à partir du mois de mars jusqu'à la fin de juin, et, en ce qui concerne spécialement les romaines, on ne doit les lier que par un temps sec et lorsque la rosée est abattue. J'ajoute que plus on donnera d'eau aux pieds, plus délicates et plus tendres seront les feuilles.

ENDIVES. — Passons maintenant aux chicorées-endives qui servent à deux fins : tantôt à titre de salades, tantôt à titre de légumes étuvés ou cuits à l'eau. Il y a deux races de chicorées bien distinctes, sans compter la chicorée proprement dite, dont les racines torréfiées et réduites en poudre servent à frelater le café. La première comprend les chicorées à feuilles découpées ou frisées, qui sont : l'endive de Rouen, l'endive d'Italie et la chicorée mousse ; la seconde comprend les chicorées à feuilles larges et entières, c'est-à-dire les scaroles ; les unes et les autres sont consommées crues en salade ou étuvées.

Tu ne sèmeras pas ces chicorées de bonne heure, car la plupart s'emporteraient en tige et ne te donneraient pas de feuilles, malgré tous les pincements. Tu les sèmeras au plus tôt le 15 mai, au plus tard à la fin de juin, et toujours en lignes, afin de faciliter les sarclages. Tu ne te hâteras pas trop de les repiquer ; tu attendras pour cela que les jeunes plantes aient au moins 15 ou 18 centimètres. C'est alors seulement que la transplantation aura de bons résultats. Tu les repiqueras à 35 centimètres environ de distance en tous sens, et tu les arroseras le plus souvent possible, en ayant soin de délayer, une fois tous les quinze jours, deux ou trois poignées de colombine sèche par chaque arrosoir d'eau. De cette manière, tu obtiendras des chicorées qui se garniront bien de feuilles au cœur, et quand ce cœur sera bien touffu, tu songeras à lier le légume, afin de blanchir les feuilles de l'intérieur. A cet effet, tu prendras du jonc, de la paille mouillée, des enveloppes de cigares, etc., et tu lieras chaque pied de chicorée par la base d'abord, puis par le haut, mais jamais en temps de rosée et d'humidité, sans quoi le légume pourrirait. Aussitôt les endives liées, tu les arroseras de purin, avec le goulot de l'arrosoir, et au pied seulement. Au fur et à mesure des besoins, tu pourras prendre des endives douze ou quinze jours après cette opération.

Celles qui fournissent le plus sont, à mon avis, les endives d'Italie et les scaroles. L'endive de Rouen me paraît sujette à monter, et la chicorée mousse à pourrir.

MACHES. — J'arrive à la valérianelle ou mâche, que l'on nomme aussi salade de blé et qui vient naturellement dans les terrains d'un grand nombre de localités. Il y a deux sortes de mâches, la commune qui est la plus généralement cultivée, et la mâche d'Italie qui a les feuilles plus larges que la précédente.

Tu t'en tiendras à la valérianelle commune et la sèmeras dans le courant d'août, en terre bien propre, bien riche, et à la volée. Alors que les salades manqueront, celle-ci te donnera ses produits, c'est-à-dire à l'entrée de l'hiver, pendant l'hiver même, quand il ne gèlera pas, et dans le courant de février et de mars. Tu laisseras quelques-uns des plus beaux pieds à titre de porte-graines. Une recommandation importante à faire dans ce cas particulier, c'est de ne pas enterrer la semence de mâche qui est très-fine. Tu te borneras à la fixer à terre, soit avec le dos de la bêche, soit avec le plat de la main.

VALÉRIANE. — La valériane d'Alger, qui est une salade moins tendre que la mâche, mais plus savoureuse, mérite une mention particulière. Je te la recommande donc. Comme sa graine est assez grosse, et comme aussi les tiges prennent beaucoup de développement, tu sèmeras la valériane d'Alger en lignes distantes d'environ 20 centimètres l'une de l'autre. Tu feras ce semis de bonne heure, si tu veux récolter la semence, c'est-à-dire en mars ou avril, ou bien tardivement, c'est-à-dire en juillet ou août, si tu ne tiens pas à la semence en question. Dans les deux cas, tu mettras la plante en bonne terre et l'arroseras souvent en

temps sec. Tant que les boutons à fleurs ne marqueront
point, tu ne toucheras pas à la valériane d'Alger, mais, dès
qu'ils marqueront, tu les pinceras, et, quelques jours après,
tu feras la récolte.

J'ai encore à te parler d'une autre valériane, dite corne
d'abondance, et qui est vivace. Celle-ci donne des feuilles
de très-bonne heure au printemps, et a le mérite de fournir une salade quand la verdure manque de tous les côtés.
Cette salade a son mérite à la sortie de l'hiver ; mais, quand
vient l'été, il n'y faut plus songer, les feuilles perdent en
qualité et deviennent trop amères.

Sa culture est exactement celle de l'oseil'e.

RAIPONCE. — Voici maintenant une autre salade très-
commune à l'état de nature, dans certaines localités, mais
assez rare dans les potagers. Je veux te parler de la campa-
nule-raiponce ou tout simplement raiponce. Elle me paraît
plus savoureuse et meilleure que la mâche, et je te la recommande tout particulièrement. Tu te procureras de la
graine nouvelle, graine fine si jamais il en fut, et assez
semblable à celle du tabac, mais brillante. Tu la mélangeras avec du sable ou de la terre fine et la sèmeras le plus
clair possible, à la volée, et vers la fin de juin. Quelque
précaution que tu prennes, il y a lieu de croire que tu sèmeras toujours trop épais, mais il te restera la ressource
d'éclaircir et de mettre en salade les produits de l'opération. Dans le courant d'octobre, tu auras déjà une belle
salade que tu pourras consommer en guise de mâche, ou
bien, ce qui vaut mieux, tu la laisseras passer l'hiver en
terre et n'y toucheras qu'au mois d'avril ou de mai, époque
à laquelle elle se préparera à monter à fleurs. Tu ne consommeras pas seulement les feuilles de la plante, tu y ad-
joindras les racines, qui sont tendres, appétissantes et de
bonne qualité.

PICRIDIE. — Ce n'est pas tout ; il me reste encore à te

parler de deux plantes qui conviennent pour la préparation des salades vertes, de la picridie cultivée et du pourpier ; la picridie est pour ainsi dire inconnue. C'est une plante de la même famille que le pissenlit et la chicorée, et qui n'a d'autre tort que celui de n'avoir pas été admise depuis longtemps sur nos tables. On assure qu'elle a une saveur de gigot de mouton ; je t'assure, de mon côté, que la chose n'est pas exacte ; mais toujours est-il qu'elle mérite l'honneur de figurer parmi nos salades, et qu'on s'y habituerait vite. Sa feuille est épaisse et se réduit peu ; c'est un point à considérer. Sa graine est fine ; tu la sèmeras au printemps, dans le courant d'avril, en lignes, et de quinze jours en quinze jours, si elle te paraît agréable et si tu tiens à en avoir plusieurs mois durant. Tu l'arroseras abondamment, sans quoi la végétation se ralentirait et les feuilles durciraient. Tu n'attendras pas que cette salade se mette à tiges pour la récolter.

Dans le cas où tu voudrais récolter de la graine, tu repiquerais en bon terrain douze ou quinze pieds des premiers semis et laisserais aller à fleurs.

POURPIER. — Un mot à présent sur le pourpier. Si je le classe parmi les plantes à salade, c'est que, dans les contrées où il pousse naturellement, on s'en sert à cet effet. Autre part, je le sais, ses feuilles ne figurent sur les salades qu'à titre de garniture, ou bien encore on les emploie dans les soupes vertes et dans les soupes grasses, afin de leur communiquer une légère acidité qui n'a rien de désagréable. Les feuilles de pourpier, mises en salade, sont très-bonnes ; on ne leur fait qu'un reproche, que je crois mérité, c'est de provoquer le sommeil.

Je ne connais qu'un seul pourpier, c'est le pourpier vert ; le pourpier doré n'en est qu'une variété, puisqu'il suffit de l'arroser matin et soir pour colorer les feuilles en vert. Néanmoins, en t'adressant aux marchands-grainiers, tu

demanderas le pourpier doré à larges feuilles. **Tu** sèmeras
à la volée et en très riche terre, lorsque les gelées ne seront
plus à craindre, à savoir dans le courant de mai ; tu ne l'enterreras pas, et te borneras à le frapper avec la main ou avec
le dos de la bêche, pour le fixer au sol. Puis tu l'arroseras, et
au bout de huit ou dix jours tu le verras lever sous forme
de taches rouges. Dès que les feuilles seront bien accusées
et que tu pourras les saisir avec la main, tu éclairciras à
cinq ou six pouces et repiqueras les plantes enlevées, si
bon te semble. Au fur et à mesure des besoins, tu prendras
des feuilles qui reparaîtront jusqu'aux gelées. Pour conserver la couleur dorée de ces feuilles, tu n'arroseras le plant
que vers l'heure de midi, en plein soleil.

Si tu veux de la graine de pourpier, tu repiqueras un
certain nombre de plants, aux feuilles desquels tu ne toucheras pas, et tu n'attendras point que la semence soit tout
à fait mûre pour enlever ces plants ; autrement, elle t'é-
chapperait.

CÉLERI. — Je t'ai dit, en commençant, que le céleri et la
betterave étaient les accessoires obligés de certaines salades. Un mot donc encore sur leur compte. Il y a deux sortes de céleris : 1° celui qu'on cultive pour ses côtes ; 2° celui
qu'on cultive pour ses racines. Le premier s'appelle céleri
plein blanc ; le second céleri-navet ou céleri-rave. Tu sèmeras l'un et l'autre sur terreau très-riche et à bonne exposition ; puis, quand ils auront 8 centimètres de feuilles,
tu repiqueras les céleris pleins blancs dans des tranchées
ou fosses, à un mètre de distance l'un de l'autre, et les
céleris navets sur les planches ordinaires du potager,
à soixante centimètres seulement de distance en tous sens.
Au fur et à mesure que le céleri plein blanc se développera,
tu ramèneras de la terre dans la tranchée autour du pied ;
puis, quand la tranchée sera pleine, tu butteras et renouvelleras la butte à trois reprises différentes, de huit jours

en huit jours. C'est le moyen de le faire blanchir. Une fois blanchi, tu le consommeras de suite, sans quoi les feuilles se rouilleraient. Quant au céleri-navet, tu ménageras une sorte de bassin autour de chaque pied, et tu arroseras en abondance, de façon à ce que ce bassin soit toujours mouillé. Tu récolteras les racines au moment des gelées, ou bien tu couperas les tiges que tu donneras aux vaches, et tu laisseras les racines en place pendant l'hiver, en ayant soin de les recouvrir de feuilles sèches.

BETTERAVE. — Pour les betteraves, tu prendras ou celle de Bassano, ou celle de Withe, ou celle de Parkin's ; tu les sèmeras sur bon terreau en avril ; tu les repiqueras en juin, à soixante centimètres l'une de l'autre ; aussitôt le repiquage fait, tu arroseras avec de l'eau de fumier : puis, dès que cette eau sera bien ressuyée par le soleil, tu fouleras vigoureusement avec le pied autour de chaque plante, de façon à durcir le sol comme un pavé, et, pendant le cours de la végétation, tu sarcleras très-superficiellement et continueras d'arroser en temps sec. Tu auras ainsi de superbes betteraves à récolter dans le mois d'octobre.

RADIS. — Patience, nous touchons à la fin ; je n'ai plus à t'entretenir que des radis, pour compléter les légumes crus, et des plantes condimentaires. Quoique du goût de tout le monde, les radis ne sont pas communs dans nos villages ; c'est une sorte de friandise légumière que l'on ne se donne pas la peine de produire ; on aime mieux l'acheter au marché quand elle y est à bon compte.

Nous avons les radis de printemps, c'est-à-dire ceux de la petite race, et les radis d'été, c'est-à-dire ceux de la grosse race que l'on appelle *ramonasses* ou *ramelasses* en Belgique, raves dans les Vosges, raiforts à Paris.

Les radis de printemps sont de diverses formes et de diverses couleurs. Il y en a de ronds, de demi-longs, de très-longs ; il y en a de blancs, de jaunâtres, de rosés, de rouges et de violets. Ils valent d'autant mieux que la chair en est plus ferme et plus fine, et, pour mon compte, j'accorde la préférence aux blancs et aux roses.

Les radis de printemps demandent une terre bien riche en vieux fumier et assez fraîche. Tu les sèmeras à partir du mois de mars jusque vers le milieu de mai, de huit jours en huit jours, pour n'en point manquer. Tu les sèmeras à la volée, ni trop dru ni trop clair ; tu arroseras souvent et ne commenceras à éclaircir que lorsque les plus gros seront bons à manger. L'important avec les radis, c'est de les lancer à toute vitesse de végétation, à grand renfort d'arrosoir et d'engrais. Sans cela, les altises ou puces de terre les ravagent au moment de la levée, surtout lorsqu'il fait chaud, ou bien les racines deviennent véreuses et se nouent, ou bien elles perdent leur délicatesse.

Quand tu auras de beaux et bons radis de printemps, prêts à manger, tu choisiras, dans le nombre, une douzaine d'échantillons que tu repiqueras quelque part. Puis, tu arroseras pour faciliter la reprise. Ils te donneront la semence pour l'année suivante.

Tu sèmeras les gros radis d'été en lignes et très-clair ; tu feras mieux, tu tendras le cordeau et planteras les graines à la main, une à une, sur toute la longueur de ce cordeau. Les radis lèveront plus tôt et deviendront plus beaux. Tu commenceras cette opération dans la première quinzaine de juin, et la continueras de huit jours en huit jours, jusqu'à la fin de juillet. Les derniers radis plantés seront nécessairement les derniers récoltés, mais ils auront sur les autres l'avantage de se conserver assez bien en cave et de ne pas devenir trop vite cotonneux. Les radis que l'on plante de trop bonne heure sont très-sujets à monter et donnent des racines fibreuses.

Les radis d'été nous viennent de la Chine. J'en connais de noirs, de gris, de blancs, de violets et aussi d'un rouge pon-

ceau du plus bel effet. Les meilleurs, selon moi, sont les noirs
par le goût et les gris. Les autres tiennent un peu du navet.

Pour avoir de la semence de radis d'été, tu conserveras
quelques jolies racines en cave, dans du sable frais ; tu les
changeras de place trois ou quatre fois dans le courant de
l'hiver, afin d'empêcher les pousses anticipées, et tu les replanteras au printemps sur bon terreau.

J'arrive aux plantes condimentaires, à celles qui servent
à relever le goût des autres légumes, et je commence par
l'ognon.

OGNON. — Les ognons qui rapportent le plus sont ceux
que tu choisiras. Tu te procureras donc de la graine
d'ognon blanc commun, de gros ognon rouge, d'ognon
jaune-paille et d'ognon de Danvers. Tu pourras même ajouter à la collection l'ognon pyriforme ou en forme de poire,
qui me paraît d'un bon rapport.

Tu sèmeras l'ognon blanc vers la fin d'août, soit pour le
repiquer à demeure en octobre, soit pour le laisser passer
l'hiver en pépinière et le mettre en place en mars ou avril.
Il a, sur les autres races, l'avantage d'être robuste et précoce. Tu sèmeras les autres variétés au printemps, de
bonne heure, mais cependant lorsque les gelées ne sont
plus à craindre. Tu choisiras, à cet effet, une partie du
potager fumée l'année précédente et très-copieusement ;
tu feras même bien de mettre les ognons à la suite des
plantations de choux, car ils y prospèrent ordinairement
bien. Sur une planche d'un mètre vingt centimètres par
exemple, tu traceras trois rigoles superficielles, deux sur
les côtés, une au milieu ; tu plomberas ou durciras le fond
des rigoles soit avec le pied, soit avec une perche couchée
sur laquelle tu marcheras, soit avec une roue de brouette
que tu y promèneras à deux reprises. Le terrain tassé est
de toute nécessité pour la réussite de l'ognon. Cette précaution prise, tu répandras les graines sur les lignes et les

recouvriras de bonne terre ou de terreau sur l'épaisseur d'un doigt, plutôt moins que plus. Dès que les ognons commenceront à lever, au bout de quinze jours, tu exécuteras un sarclage entre les lignes avec la ratissoire à pousser. Quand la levée sera complète, tu éclairciras de manière à laisser sur chaque ligne, entre les plantes, un espace de huit à dix centimètres. Plus tard, tu éclairciras définitivement et laisseras un intervalle de quinze centimètres. Les plants enlevés te serviront pour des repiquages, si cette opération réussit chez toi, ou pour la cuisine, dans le cas où elle ne réussirait pas. Si j'établis cette distinction, c'est que nous avons des localités où, pour obtenir de superbes ognons, il faut nécessairement les transplanter, tandis que nous en avons d'autres, et je me trouve dans ce cas, où les ognons transplantés ne prennent jamais le développement de ceux qu'on laisse en place.

Les ognons aiment le soleil, mais ils aiment aussi l'humidité. Tu les arroseras donc abondamment au début de leur végétation, et en temps sec, bien entendu. Lorsque la racine commencera à s'arrondir, tu répandras de la suie sur les lignes, au moment d'une douce pluie, ou, à défaut de suie, de la cendre ou du guano. Voilà les engrais qui donnent de superbes résultats. Quand les ognons auront atteint la moitié de leur développement à peu près, tu courberas l'extrémité des fanes et les froisseras pour qu'elles ne se relèvent pas. Cette opération modérera l'activité de la séve et la refoulera sur le bulbe. Cela vaut mieux que de rogner les sommités de ces fanes ou de les coucher trop fort à terre. Dès que l'ognon devient gros, les feuilles se couchent d'elles-mêmes.

Tous les quinze jours, tu sarcleras avec la ratissoire, et, après avoir sarclé, tu fouleras la terre avec les pieds autour de chaque plante, et plus tu la fouleras, mieux l'ognon se développera.

Dans les intervalles que tu auras laissés entre les lignes, tu pourras repiquer des laitues pommées ou romaines.

Tu ne te hâteras pas trop de récolter les ognons ; tu attendras pour cela que les fanes soient jaunes ou en partie desséchées, et que les racines de la plante ne tiennent pour ainsi dire plus au sol. Alors tu les enlèveras et les laisseras sur le terrain pendant cinq ou six jours, puis tu les rentreras, soit pour les mettre en bottes, soit pour les conserver au grenier. Dans ce dernier cas, tu les étendras sur de la paille et en couches minces. Si, dans le courant de l'hiver, une forte gelée venait à les attaquer, tu te garderais bien de les remuer, autrement ils pourriraient. Tu les laisseras dégeler et se rétablir d'eux-mêmes.

Au printemps, tu choisiras quelques ognons et les planteras à titre de porte-graines.

Une dernière recommandation : tu te garderas bien de ramener plusieurs fois de suite les ognons à la même place : ils ne doivent y revenir qu'une fois tous les huit ou neuf ans.

POIREAU. — Après les ognons viennent naturellement les poireaux, qui aiment, eux aussi, un terrain riche et frais. Tu te procureras de la graine de gros poireau de Rouen ; tu la planteras grain par grain et en pépinière sur une plate-bande du jardin, parce qu'en la plantant, elle pousse plus vite et mieux qu'en la semant. Tu feras cette opération en mars ou en avril, selon les localités. Quand le plant aura environ la grosseur d'une plume de corbeau, tu l'enlèveras pour le repiquer à demeure et en lignes distantes l'une de l'autre de vingt centimètres. Tu commenceras par faire la toilette du plant, c'est-à-dire par couper entièrement les racines de chaque plante et le dessus des plus grosses feuilles. Ceci exécuté, tu mettras le plant dans un mélange d'eau, d'urine et de bouse de vache, durant une heure à peu près, afin que le bas des tiges s'imprègne bien d'engrais. Pendant ce temps-là, tu disposeras une planche pour la plantation, en ouvrant des trous profonds sur chaque ligne et à quinze centimètres l'un de l'autre. Ces trous ouverts, tu laisseras tomber dans chacun d'eux un pied de poireau, puis avec le goulot de l'arrosoir tu arroseras le plant en détail, de manière à faire retomber un peu de terre pour remplir le trou à moitié ou aux deux tiers. Rien de plus facile ni de plus expéditif.

Dans les journées chaudes, tu arroseras abondamment les poireaux, toujours avec le goulot de l'arrosoir, et tu feras bien, une fois tous les quinze jours, de délayer deux ou trois poignées de colombine dans l'eau qui te servira pour les arrosages. De cette façon tu obtiendras une végétation énergique, et quand le légume sera arrivé à demi-grosseur, tu casseras, sans les détacher, les extrémités des plus grosses feuilles, sur une longueur de quinze à dix-huit centimètres d'abord ; puis, huit jours après, tu rompras de nouveau sur une longueur de douze centimètres, et laisseras pendre les parties rompues. Ceci vaut mieux que de supprimer d'un seul coup et entièrement la feuille près de la tige, comme font tant de jardiniers. Avec la suppression complète, on refoule trop de séve à la fois, et cette séve disponible profite plus au développement de la tige en hauteur qu'en grosseur. Avec le cassement modéré et pratiqué de loin en loin, on ne fait que ralentir le mouvement de la séve et la reporter sur les parties voisines des feuilles rompues. Par ce moyen on obtient des poireaux énormes.

Tu arracheras tes poireaux à l'approche des gelées, soit en totalité, soit en partie : tu en mettras une certaine provision pour l'hiver dans une partie aérée de la cave, tu placeras les autres en rigoles dans le jardin, les recouvrant de terre jusqu'à la naissance des feuilles. Ce sera ta provision de février et de mars. Ceux que tu n'auras pas arrachés passeront très-bien la rude saison en place et te rendront des services en attendant venir les petits poireaux de l'année suivante. Seulement, pour en prolonger l'usage très-longtemps, tu auras la précaution de couper les tiges à fleurs dès qu'elles se montreront. En les coupant ainsi assidûment, on peut maintenir des poireaux deux années de suite.

Pour fabriquer ta graine de poireau, tu laisseras à demeure plusieurs beaux plants repiqués au printemps, et l'année d'après ils se mettront à fleurs et à semence.

AIL. — Nous allons, avant de parler des fleurs, terminer la culture potagère du jardin de la ferme. J'ai entamé la série des plantes condimentaires ; je la continue en traitant de l'ail. Il y en a de deux sortes : l'ail commun, qui se renouvelle de caïeux ou de gousses, et l'ail rocambole qui porte des bulbilles au sommet de sa tige, bulbilles au moyen desquelles on le multiplie et que l'on connaît dans le midi de la France sous le nom d'ail rouge. Je ne t'entretiendrai que de la première espèce, la meilleure et la plus répandue. Tu la cultiveras en planches et en lignes, ou bien en contre-bordure des plates-bandes. En planches, tu distanceras les lignes de quinze centimètres, et les plants d'ail sur chaque ligne devront se trouver à huit ou neuf centimètres l'un de l'autre. Pour la reproduction, tu prendras en mars ou avril, selon les localités, de belles têtes d'ail de l'année précédente ; tu en sépareras les gousses ou caïeux et ne te serviras pour plant que de ceux de la circonférence, c'est-à-dire de ceux qui sont arrondis, bien développés et bien mûrs. Tu réserveras ceux du cœur, c'est-à-dire ceux qui sont longs et aplatis, pour les usages de la cuisine. Tu tendras le cordeau et tu enfonceras chaque gousse en terre à la distance indiquée.

L'ail n'est pas difficile sur le terrain ; pourvu qu'il ne soit pas trop mouillé et que la fumure soit convenable, il réussit. C'est te dire qu'il n'est pas nécessaire de l'arroser, à moins toutefois qu'il ne survienne une sécheresse excessive. Lorsque les tiges de l'ail seront bien développées et à

peu près de la grosseur d'une plume à écrire, tu les noue-
ras par le sommet, ou bien tu en courberas le dessus pour
rendre la besogne plus expéditive. Dans le courant de
juillet, ou au plus tard la première semaine d'août, les
fanes blanchiront et se faneront ; d'un autre côté, les têtes
ne tiendront plus guère en terre. Alors, tu les arracheras
et les laisseras sur place jusqu'à dessiccation complète des
tiges ; après quoi, tu les réuniras en bottes et les suspendras en lieu sec, soit au grenier, soit dans la cuisine.

ÉCHALOTE. — L'échalote, dont j'ai à te parler maintenant, est tout aussi facile à cultiver que l'ail, et se reproduit de bulbes également. Dans les premiers jours du
printemps, tu prendras des échalotes de l'année précédente, tu les diviseras, et mettras de côté pour plant les
bulbes les plus allongés, en ayant soin de dépouiller leurs
extrémités de l'enveloppe cordée qui emprisonne le germe,
et d'aider ainsi la nature dans son travail de développement. Tu planteras ces bulbes à quinze centimètres l'un
de l'autre, soit en contre-bordure de plates-bandes, soit
aux extrémités des planches destinées à d'autres légumes.
Autant que possible, tu feras cette plantation en terrain
sec, et tu n'enterreras pas tout à fait l'échalote : elle a
besoin d'air. Elle poussera promptement, et lorsque son
bulbe sera bien enraciné et sa feuille bien développée, tu
dégageras le pied, afin d'empêcher la pourriture, autrement dit le *feu*, pour nous servir de l'expression des jardiniers. Cette pourriture est très à craindre, surtout dans les
terrains humides, sous les climats pluvieux, et aussi lorsque le plant a été trop enterré. C'est alors que les feuilles
de la plante pâlissent, deviennent ternes et jaunissent par
l'extrémité.

Quand tes échalotes seront complétement développées
et que les bulbes seront bien divisés hors de terre, la
feuille ne tardera pas à se flétrir, et tu reconnaîtras à ce

signe le moment de récolter. Comme pour l'ail, tu arracheras la plante et la laisseras sur place quelques jours ;
ensuite, tu la conserveras en lieu sec.

CIBOULE. — La ciboule, dont on fait grand cas dans les
préparations culinaires, mais que l'on remplace souvent
par de jeunes ognons non tournés, est une plante de la
même famille que les précédentes et dont la culture ne
présente pas la moindre difficulté. Tu prendras de la graine
nouvelle, tu la sèmeras en terre légère et riche ; tu arroseras pour favoriser la levée, et, dès que les plants de ta
pépinière seront convenablement développés, tu les repiqueras deux par deux dans le même trou, à quinze centimètres d'intervalle entre les touffes, soit en planches, soit
en contre-bordures. Tu pourras également semer la ciboule
au mois de juillet, la repiquer en septembre et la laisser
passer l'hiver, avec d'autant moins d'inquiétude que c'est
une plante vivace.

CIBOULETTE. — La ciboulette, ou cive, ou appétit, dont
on se sert habituellement pour relever le goût des salades,
est une plante condimentaire que l'on reproduit de graine
comme la ciboule, mais le plus souvent par l'éclat de ses
touffes, afin d'aller plus vite en besogne. On met ces éclats
au printemps en contre-bordure, à bonne exposition et
dans de riche terre. On arrose de temps en temps dans les
journées chaudes et l'on a soin de l'empêcher de se mettre
à fleurs, afin de conserver plus de vigueur à la feuille.

PERSIL. — J'arrive au persil, l'une des plantes les plus
utiles du potager. Tu le sèmeras en planches et en contre-
bordures, comme il te conviendra ; mais tu lui donneras
toujours un terrain substantiel, frais et ombragé. C'est pour
cela que le voisinage des haies lui convient si bien. Tu
sèmeras le persil frisé de préférence à tout autre, parce
qu'on ne saurait le confondre avec la petite ciguë et qu'il
est d'ailleurs d'un aspect charmant. Il ne me paraît pas

nécessaire de recommander plusieurs semis de persil dans le courant de l'année ; un seul, celui de mars ou d'avril, suffira. Dès que les feuilles seront bien développées, tu enlèveras quelques-uns des plus beaux pieds que tu repiqueras et arroseras. Ils passeront l'hiver facilement et te serviront de porte-graines l'année d'après. Les autres pieds, laissés en place, subviendront à tes besoins pendant toutes les saisons, et assez longtemps la seconde année pour permettre à un second semis de produire des feuilles nouvelles.

CERFEUIL. — Après le persil, le cerfeuil vient naturellement. Cette plante s'accommode de même d'un bon sol, frais et ombragé. Pour éviter toute confusion avec la petite ciguë, tu feras bien encore de semer la variété frisée et d'en semer tous les mois à partir de mars jusqu'en octobre. Le cerfeuil, surtout dans les années chaudes, monte vite à fleurs, et c'est pour cette raison que les semis successifs sont nécessaires quand on tient à en être approvisionné constamment. Au reste, avec le cerfeuil comme avec le persil, il suffit d'en abandonner quelques pieds au hasard, et ils se reproduisent d'eux-mêmes par la chute des graines. Ce sont même ces semis naturels de l'arrièresaison qui fournissent les récoltes hâtives au printemps.

RAIFORT. — Voici venir à présent une plante condimentaire peu usitée en France, mais extrêmement répandue dans les pays du Nord. Je veux parler du cochléaria de Bretagne, ou cranson, ou raifort, ou moutarde de capucin. Cette plante se multiplie de graines ; mais la plupart du temps on la reproduit de racines afin d'en jouir plus tôt. Une fois dans le potager, elle s'y propage avec une rapidité souvent embarrassante, à la manière des mauvaises herbes. Dès que les touffes de cochléaria sont fortes, on gratte la terre au pied, on les déchausse et l'on arrache quelques racines que l'on râpe, que l'on arrose ensuite avec un peu d'huile et de vinaigre, que l'on saupoudre de sel et de poivre, pour s'en servir ensuite à titre d'apéritif, en guise de moutarde. Cette racine a une odeur de moutarde assez prononcée. La plante en question pousse partout; tu la placeras donc dans quelque coin isolé du potager, de façon à ce qu'elle ne puisse gêner aucune culture.

THYM. — Autre condiment. Il s'agit cette fois du thym, que l'on nomme improprement *piment* dans une grande partie de la France. Tu peux te le procurer en en semant la graine en avril dans une terre légère et bien fumée, en ayant soin d'enterrer à peine cette graine et de la mouiller de temps en temps avec l'arrosoir à pomme; mais il vaut mieux suivre le procédé habituel, qui consiste à éclater les racines des vieilles touffes de thym et à les planter en contre-bordures. Après la plantation, tu arroseras et tu continueras les arrosages en temps sec.

SARRIETTE. — Je passe à la sarriette, plante condimentaire d'obligation toutes les fois que l'on veut manger des fèves. Tu prendras quelques graines de cette plante, tu les éparpilleras çà et là parmi les autres légumes, parmi les ognons, par exemple, et tu ne t'en occuperas plus. Comme la sarriette ne te servira pas souvent, tes plants de semis fleuriront et graineront la même année; en sorte qu'ils se multiplieront d'eux-mêmes et toujours dans ton potager.

Si tu veux adjoindre à tes plantes condimentaires la sauge, la marjolaine et l'estragon, tu pourras les obtenir de graines et les mettre en place; mais il me paraît bien plus simple de les obtenir d'éclats, c'est-à-dire de s'en procurer quelques morceaux détachés des touffes et de les placer dans un coin du jardin où ils se maintiendront de longues années.

Un dernier mot encore sur un condiment que d'aucuns estiment, mais qui n'est pas généralement connu, à savoir, sur la myrrhide odorante ou cerfeuil musqué. Cette plante, dont les feuilles ont une odeur d'anis très-prononcée, s'obtient de graines semées à l'automne en terrain frais, riche et ombragé. Tu pourras également l'obtenir d'éclats au printemps, et, une fois dans le potager, elle s'y perpétuera.

FRAISIERS. — Pour en finir avec le jardin de la ferme, il ne me reste plus qu'à te parler des fraisiers, des framboisiers, des groseilliers et des fleurs; ainsi, plus rien qu'un peu de patience. Aujourd'hui, je t'entretiendrai des fraisiers, des framboisiers et des groseilliers. Tu planteras les fraisiers en bordure, comme on fait pour l'oseille, et tu choisiras les meilleures variétés pour la plantation, attendu qu'il n'en coûte pas plus de cultiver le bon que le mauvais. A moins que tu ne connaisses des amateurs parfaitement approvisionnés, tu devras nécessairement t'adresser aux jardiniers des grandes villes pour obtenir du plant. Dans ce cas, tu demanderas les douze variétés que voici : le Charlemagne, la Louise-Marie, la surprise de Myatt, le Saint-Lambert, la princesse Alice, le British-queen, le Capron, l'ananas de Bath, le Keen's seedling, la fraise Elton, le fraisier de Montreuil et le fraisier des Alpes ou des quatre-saisons avec filets. Ces deux dernières variétés sont celles qui se rapprochent le plus du fraisier des bois; les autres sont plus belles, ont plus d'apparence, produisent plus d'effet sur la table, mais elles ne les valent pas toujours pour la finesse et le parfum. Si je ne te parle pas ici des fraisiers sans filets, comme le buisson de Gaillon, par exemple, c'est que, s'ils ont l'avantage de ne point courir dans les allées et sur les plates-bandes, ils ont en retour l'inconvénient de produire peu et de s'user vite.

La culture du fraisier est à la portée de tout le monde, n'offre pas la moindre difficulté. Il réussit dans la plupart des terrains; toutefois, il se plaît mieux dans les terres légères que dans les terres fortes. L'essentiel, c'est de le planter à bonne exposition du midi, afin d'obtenir des fruits

très-savoureux. On peut obtenir les fraisiers de semis, notamment ceux des bois et des quatre-saisons, qui se reproduisent fidèlement, mais c'est là une culture d'amateur
qui exige du soin, prend beaucoup de temps et ne convient
nullement à une fermière. Tu te procureras donc tout simplement des plants enracinés ; tu les mettras en terre à
l'automne ou au printemps, avec d'excellent terreau, ou un
mélange de fumier de vache très-pourri et de cendre de
bois. Aussitôt la plantation faite, en ménageant des intervalles de trente centimètres environ entre les différents
pieds, tu arroseras, afin de faciliter ou d'assurer la reprise.
La première année, tu te borneras à sarcler, à biner de
temps à temps et à supprimer les filets ou coulants au fur et
à mesure qu'ils se produiront. Si tu les laissais aller à volonté, ils fatigueraient trop le jeune plant et nuiraient à la
production ainsi qu'à la durée du fraisier. Dès cette première année, si la plantation a eu lieu à l'automne, tu
feras déjà une petite récolte. Quand la plantation n'a lieu
qu'au printemps, il n'y a pas à compter sur le fruit, si ce
n'est dans quelques cas exceptionnels, et notamment avec
la princesse Alice qui fructifie de suite et de bonne heure.

La seconde année, tu continueras les sarclages et les bi-
nages : quant aux filets, tu les supprimeras jusqu'au mois
d'août, après quoi tu leur permettras de se développer et
de s'enraciner, afin d'avoir du plant de rechange, et ainsi
de suite chaque année.

Si le fraisier aime la terre légère et l'exposition chaude,
il aime aussi les arrosages, surtout à l'approche et au moment de la floraison. C'est à cette condition seulement
qu'on obtient de très-beaux fruits. Il est d'usage chez les
jardiniers de pailler les plants de fraisiers, dans le but
d'entretenir une fraîcheur constante au pied des plantes
et d'empêcher les fruits de se salir sur la terre. Tu pourras
prendre cette précaution si bon te semble. Pour mon

compte, je m'en dispense et me borne à placer sous mes plus belles fraises des morceaux d'ardoise qui les maintiennent dans un état de propreté parfait.

Les plants de fraisiers dégénèrent assez vite. Au bout de quatre ou cinq ans au plus, le rendement baisse et les fruits se rapetissent. Il convient donc alors de les renouveler et de changer la nature de la terre avant de ramener de nouveaux plants à la même place. Je sais qu'il en coûte de supprimer un vieux plant, et que je n'obtiendrai pas facilement cette suppression de la part d'une fermière ; mais, heureusement, « il est avec le ciel des accommodements. » Rien ne t'empêchera de maintenir la durée des vieux fraisiers, en rechaussant les pieds chaque année, au printemps, avec une bonne couche de terreau. Ce rechaussement fera développer des racines au collet et entretiendra la vigueur du fraisier.

Je vais à présent te donner un conseil qui ne se trouve nulle part, mais que je garantis bon. A chaque automne, après avoir enlevé les feuilles mortes qui salissent le terrain, tu mettras au pied de tes fraisiers de la cendre de bois ou de la terre qui aura été arrosée copieusement avec de l'eau de savon ou de l'eau de lessive.

Les ennemis du fraisier sont les larves du hanneton qui en attaquent les racines, un rynchite, les limaces et les fourmis qui mangent ses fruits mûrs.

FRAMBOISIERS. — Le fraisier et le framboisier vont rarement l'un sans l'autre ; leurs fruits s'associent bien ! ils s'accommodent du même sol, réussissent sous le même climat et fructifient en même temps. Mais si le fraisier recherche les expositions chaudes et éclairées, le framboisier recherche les expositions ombragées.

Je te recommande la culture de quatre variétés du framboisier qui sont : le framboisier Victoria, qui produit de juillet jusqu'à la fin d'octobre des fruits d'un rouge vif de la grosseur d'un petit œuf de pigeon et d'une saveur agréable ; le framboisier Gambon, dont les fruits sont rouges, allongés et très-gros ; le framboisier à gros fruits, couleur de chair, et, enfin, le framboisier commun à fruits rouges et à fruits blancs.

La culture du framboisier est facile ; on le reproduit de l'éclat des vieux pieds, et tantôt la plantation se fait en lignes suivies, tantôt en touffes. A cet effet, on ouvre des fosses de trente à quarante centimètres de profondeur sur cinquante à soixante de largeur ; on y jette une couche de vieux terreau mêlé de fumier très-pourri, puis on plante les framboisiers à deux ou trois pieds de distance l'un de l'autre, et l'on recouvre avec de bonne terre. Si la plantation a été faite à l'automne, selon l'usage le plus généralement suivi, on taille l'extrémité des plants au printemps, afin de refouler la séve sur les rameaux fructifères et de favoriser la pousse des rejets. Toute tige qui a produit meurt, et ce sont les rejets en question qui donnent des fruits l'année suivante. On a conseillé de palisser ces rejets sur un second plan, derrière les tiges fructifères, afin d'empêcher la confusion au moment de la récolte. C'est là un luxe de précaution dont on peut facilement se dispenser. Il ne me paraît pas nécessaire de compliquer les opérations. Aussitôt les tiges mortes, tu les supprimeras jusqu'à la souche, et, quant aux tiges nouvelles, tu les tailleras au printemps de chaque année au quart ou au tiers de leur longueur. Tu ne les taillerais pas, qu'elles produiraient très-bien ; mais les fruits n'auraient jamais le volume de ceux des framboisiers taillés.

Une framboisière en bon rapport dure ordinairement sept à huit ans sans dégénérer ; mais, passé ce temps, les tiges s'affaiblissent et le fruit diminue. Il conviendra donc de renouveler, en substituant à la terre usée, de la terre neuve et de bonne qualité.

GROSEILLIERS. — Quant aux groseilliers, tu en mettras aux
angles et au milieu des plates-bandes, de préférence aux
arbres nains qui occupent trop de place et jettent trop
d'ombre dans un potager. Tu cultiveras et la groseille à
maquereau et la grosseille à grappes. Si je passe sous silence
la groseille noire ou cassis, c'est parce qu'elle doit être cultivée en dehors du jardin et en assez grande quantité, plutôt pour la préparation du ratafia que pour fruit de table.

Parmi les groseilliers à maquereau, je te signale le groseillier commun ou épineux, le groseillier couleur de chair,
celui à très-gros fruit jaune et lisse, le groseillier à fruits
ronds, hérissés, couleur olive, et celui à gros fruits verts,
longs et lisses. Parmi les groseilliers à grappes, je te signale le rouge ordinaire, le blanc, la variété cerise ou à
gros fruits, le rouge de Hollande, la grosse blanche de
Hollande et la versaillaise.

Tu te procureras des pieds enracinés de ces divers groseilliers, chez un pépiniériste ; tu les planteras dans des
fosses de 60 centimètres de côté sur 45 centimètres de profondeur, avec de la bonne terre mélangée de fumier bien
pourri ; tu bineras et sarcleras avec soin chaque année, et
enfin tu fumeras tous les trois ans avec un mélange de cendres et de fumier. Quant à la taille, tu te borneras à dégar-
nir le centre des rameaux qui pourraient faire confusion et
à supprimer le bois mort.

Tu sauras que les groseilliers à maquereau sont très-fa-
ciles à reproduire de bouture. Ainsi, quand une variété te
paraîtra d'excellente qualité, tu couperas un ou plusieurs
rameaux sur le vieux pied, et tu les planteras à la manière
des rameaux d'osier, sans plus de précaution. Pour favoriser l'émission des racines, tu arroseras de temps en temps
pendant la première quinzaine, et, l'année d'après, tu transplanteras le groseillier devenu plant racineux.

PARTERRE. — Je l'ai déjà dit quelque part et je le répète :

nos femmes aiment les fleurs, nos filles aussi, et il n'y aurait pas d'inconvénient à leur faire la part belle et large ; mais au prix où sont les terres presque partout, il y a lieu de réfléchir et de compter serré. Notre parterre, à nous autres, c'est la plate-bande du potager ; les fleurs servent de cadre à nos légumes ; nous logeons les uns et les autres à la même enseigne. En attendant que nous puissions faire mieux, continuons de procéder à la manière des anciens qui, eux aussi, savaient joindre l'agréable à l'utile. Les fleurs, ne l'oublions point, sont l'ornement indispensable des potagers ; un jardin sans fleurs, c'est un appartement sans meubles. Elles donnent la vie, elles égayent l'œil, elles embaument l'air ; malheureusement, celles que nous cultivons de temps immémorial ne sont pas assez variées. Elles sont fort jolies sans doute ; mais il y en a d'autres, et par centaines, qui sont inconnues dans nos campagnes et que je voudrais voir en compagnie des anciennes.

Quant aux dispositions, il y aurait souvent à redire ; nous plantons ou semons un peu au hasard, tandis que nous pourrions semer et planter avec goût, en lignes, par touffes isolées ou en corbeilles de diverses formes, plaçant les petites fleurs au premier plan, les moyennes au second, et les fleurs élevées au dernier plan, mariant les couleurs et combinant les semis d'après les diverses époques de la floraison.

Sur chacune des plates-bandes du potager, rien ne t'empêchera d'établir des bordures et contre-bordures fleuries, de dessiner de petites corbeilles rondes ou ovales, de marquer les angles par de belles touffes élevées et d'éparpiller çà et là, de loin en loin, des fleurs variées et d'un port léger, capables de garnir les vides sans écraser les massifs ; rien ne t'empêchera de reléguer l'oseille, le persil, le cerfeuil et la civette aux extrémités des planches et de border chaque allée au moyen de fleurs naines ou de moyenne grandeur. Parmi les plantes de bordures qui prennent peu de développement en hauteur, je te recommande la violette odorante, la pâquerette vivace, la primevère auricule ou oreille d'ours, la primevère officinale et l'espèce sans tige, l'iris naine, l'hépatique printanière, le safran des fleuristes, le safran doré, le phlox subulata, la saponaria ocymiodes, la corbeille d'or, le ceraiste tomenteux et le muguet de mai dans les parties ombragées. Voilà de charmantes fleurs vivaces, robustes et d'une culture on ne peut plus facile. Quelques-unes, dans le nombre, ont l'inconvénient de touffer, de s'étendre en largeur ; mais, en ayant soin de les éclater chaque année, l'inconvénient disparaîtra. Parmi les plantes annuelles, c'est-à-dire qui meurent tous les ans, j'en sais de très-jolies aussi que je t'engage à ne point négliger, comme, par exemple, les némophiles, le rhodante et la julienne de Mahon.

Pour les bordures du second plan, c'est-à-dire un peu plus éloignées que les premières, tu prendras des fleurs plus élevées, telles que l'ail doré, la saxifrage ombreuse ou désespoir du peintre et l'œillet de poëte, qui sont, les deux premières, vivaces, et la troisième, trisannuelle. Quant aux fleurs annuelles, je te conseille de choisir pour bordures les clarkia elegans et pulchella, la nigelle de Damas, le pied d'alouette varié, la reine-marguerite et le silene armeria. A propos de reine-marguerite, si tu tiens à les avoir remarquablement belles, tu les sèmeras d'abord en pépinière et en bonne terre, puis tu les repiqueras une première fois en pépinière peu serrée, puis une seconde fois à la place qu'elles doivent occuper. Quant au pied d'alouette tu te rappelleras qu'il souffre beaucoup de la transplantation et qu'il convient par conséquent de le semer à demeure.

Aux angles et au milieu des plates-bandes, tu placeras les fleurs à haute tige, telles que lupin vivace, dielytra spectabilis, lis blanc ordinaire, lis blanc ensanglanté, lis martagon, amaryllis, buglosse d'Italie, rudbeckia hirta, monarde, glaïeuls, véroniques maritime et élégante, potentilles du Népaul et noir pourpré, clérodendron de Bunge, rose trémière, asters vivaces, astrantia major, campanules à feuilles de pêcher blanche et bleue, pied d'alouette vivace, gypsophile paniculée, soleil élancé, croix de Jérusalem ou de Malte, dahlias, ancolies, pivoine et aconits. Toutes ces fleurs sont vivaces et n'exigent pour ainsi dire pas de soins.

En ce qui concerne les petites corbeilles à établir entre les bordures et contre-bordures de la plate-bande, tu les formeras ou de plantes vivaces ou de plantes annuelles. Au nombre des premières, je te désignerai le trollius d'Europe, la galanthine perce-neige, la nivéole de printemps, l'hotteia du Japon, les achillea aurea et clavennea, la spirée filipendule, la fraxinelle, l'iris graminée, le muflier des jardins, les œillets flamand et mignardise, les chrysanthèmes vivaces de la Chine et de l'Inde, les pensées, les narcisses des poëtes et jonquille, la belle-de-nuit, les éphémères de Virginie bleu et rose, l'épervière orangée, la polémonie, la jacinthe, la tulipe, l'ornithogale en ombelle et la julienne blanche. Au nombre des fleurs annuelles propres à composer des corbeilles, je te désignerai ensuite le réséda, la reine-marguerite, les giroflées quarantaines et autres, la balsamine, le mimulus, le zinnia, l'œillet d'Inde, l'amarante, le pavot, l'adonide d'automne, l'anagallis bleu, la valériane naine, le lin à grandes fleurs rouges, les malopes, les lavatères, la glaciale, l'escholtzia californica et les pétunies.

Quant aux fleurs à éparpiller capricieusement sur le corps des plates-bandes, de façon à ne point les charger, je ne sais rien de plus gracieux, de plus léger que le lin à grandes fleurs rouges, le lin vivace à fleurs bleues, la stipe plumeuse et l'épimède des Alpes.

Tu peux avoir besoin de plantes grimpantes, soit pour

former un petit berceau, soit pour masquer un mur. Ce
sera le cas de planter l'eccremocarpus scaber, le chèvre-
feuille, la clématite, l'aristoloche siphon et la glycine de la
Chine, qui, toutes, sont vivaces, ou bien encore le pois de
senteur, le liseron tricolore et la capucine, qui sont annuelles.

Quant aux arbustes à introduire dans nos jardins, soit
aux angles des plates-bandes, soit au dernier plan pour
masquer des vides ou à toute autre fin, je place en première ligne les rosiers, et parmi ces rosiers : le cent-feuil-
les, le mousseux, le rosier de mai, le rosier d'Esquermes,
le géant des batailles, la blanche porte-mer et le rosier de
Bengale. Après cela, je te recommande tout porticulière-
ment le weigelia rosea et le weigelia amabilis, le groseillier
à fleurs rouges, le groseillier doré, le coignassier du Japon,
le buisson ardent; le deutzia gracilis, le sureau à grappes
et les lilas.

Ne te laisse point effrayer par cette longue nomenclature :
toutes les plantes qu'elle comprend sont d'une culture aussi
facile que celle de la plupart des légumes du potager. Avec
de la terre riche en fumier très-pourri, des arrosages fréquents en temps sec, des sarclages convenables, tu réussi-
ras tout aussi bien que le plus habile jardinier. Seulement,
il est bon que tu saches que toutes les plantes vivaces, qui
abondent dans cette liste, finissent par épuiser la terre, et
qu'il convient de les relever à l'automne tous les trois ou
quatre ans, c'est-à-dire d'enlever les touffes, de les éclater,
d'en rejeter une partie et de replanter le reste dans de la
terre nouvelle. Il est bon que tu saches aussi que les plantes
vivaces à ognons ne doivent pas rester longtemps à l'air et
demandent à être replantées presque aussitôt que relevées,
à l'exception des bulbes de glaïeuls, de jacinthes et de tulipes, qui peuvent être conservés plusieurs mois hors de
terre avant d'être replantés. Quant aux glaïeuls, tu les

relèveras à l'automne et ne les remettras en terre qu'au printemps. En ce qui concerne les tulipes, les jacinthes, tu les planteras toujours à l'automne, car la plantation du printemps te donnerait de moins bons résultats.

LES CONSERVES A LA FERME.

On ne consomme pas en un jour les produits de la ferme, et ce qui abonde en telle saison fera peut-être défaut en telle autre saison. Il y a donc de l'agrément et de l'avantage à prolonger d'une façon économique la durée de ces produits. Dans toute maison de ferme bien tenue, une ménagère doit savoir conserver des légumes, des fruits de diverses sortes, du beurre, des œufs et de la viande.

Les moyens à employer pour cela ne manquent pas. On conserve en chassant l'air, en chassant l'eau, ou bien encore avec du sel, du salpêtre, de la fumée, du sucre, du vinaigre et de l'alcool. Les conserves au sucre et à l'alcool étant choses de luxe pour nous autres, nous les laisserons de côté jusqu'à nouvel ordre. Ce qu'il nous faut, c'est le bon marché ; nous donnons nos peines sans compter, mais nous y regardons de près quand il s'agit de donner notre argent.

C'est en chassant l'air que tu conserveras en bouteille des pois verts, des haricots verts et autres légumes. Tu prendras à cet effet des bouteilles en verre solide et à large goulot ; tu les rempliras ou de petits pois choisis ou de haricots verts bien délicats, et tu feras en sorte de les tasser convenablement. Les bouteilles remplies jusqu'à la moitié du col ou à peu près, tu prendras des bouchons neufs et des meilleurs, tu les battras au maillet et les feras entrer de force, toujours avec le maillet, comme s'il s'agissait de boucher du vin ; tu ficelleras, puis tu mettras chaque bouteille dans un sac de toile que tu lieras au-dessous de la bague, ou bien encore tu rouleras du long foin tout autour de la bouteille, par mesure de précaution, pour n'avoir rien à craindre en cas d'éclat ; après quoi tu mettras les bouteilles debout dans un chaudron garni de foin au fond et sur les côtés ; tu rempliras d'eau jusqu'à la bague des bouteilles et enfin tu chaufferas jusqu'à l'ébullition ; tu laisseras bouillir pendant un quart d'heure, tu retireras le chaudron du feu et donneras le temps à l'eau de se refroidir avant de retirer les conserves. Aussitôt les bouteilles retirées, tu les goudronneras et les coucheras dans la cave. Et ainsi pour les haricots verts, les fèves découpées, les haricots en grains tendres, etc.

Si quelques ménagères remplissent les bouteilles de légumes non préparés, d'autres cependant ont l'habitude de les blanchir pendant une minute à l'eau bouillante et de les égoutter avant d'en faire des conserves.

Quelques-uns font cuire les petits pois avec un peu d'eau et du sel, un bouquet de persil et un ognon piqué d'un clou de girofle. Lorsqu'ils sont cuits, on les laisse refroidir sur les planches, puis on les met dans des bouteilles que l'on bouche et ficelle bien. Il ne reste plus qu'à chauffer ces bouteilles au bain-marie pendant une heure et quart au moins et à attendre que l'eau de la chaudière ou du chaudron soit refroidie, pour les en sortir. Les conserves de fèves de marais, de haricots en grains verts et de champignons peuvent être préparées de la même manière.

C'est surtout en chassant l'air aussi, au moyen d'une très-forte compression, qu'on prépare la conserve de choux connue sous le nom de choucroute. Voici en deux mots la manière de procéder. Tu prendras des choux cabus blancs, de ceux de Brunswick ou d'Allemagne ; tu les laisseras huit ou quinze jours sous un hangar ou dans la cave, afin qu'ils perdent un peu de leur eau de végétation et se racornissent. Cela fait, tu les couperas à l'aide du coûteau à choucroute, couteau à plusieurs lames qui fonctionne à la manière du rabot. Une fois les choux coupés, tu les verseras lit par lit dans une tonne, presque aussi large du haut que du bas et très-solidement cerclée en fer. Le premier ner à bras d'homme avec une sorte de fouloir en bois et jusqu'à ce que ce fouloir ne fasse plus céder le légume; jusqu'à ce que ce refouloir ne fasse plus céder le légume; puis tu saupoudreras avec un peu de gros sel et répandras quelques graines de genévrier. Sur ce premier lit, tu en verseras un second de la même épaisseur que tu feras fouler comme le précédent; après quoi tu saupoudreras de sel et aromatiseras avec des graines de genévrier, toujours comme dans le premier cas, et ainsi de suite, jusqu'à ce que la tonne soit pleine ou que la provision de chou coupé soit épuisée.

Mais note bien, en passant, que le sel n'est pas indispensable, que certaines gens n'en mettent point, et que les personnes qui en mettent trop altèrent la qualité de la choucroute et la rendent dure. Le pilonage suffit; s'il a été bien exécuté, l'eau de végétation des choux remonte à la surface et recouvre entièrement la conserve. L'opération terminée, il n'y a plus qu'à étendre des feuilles de chou, ou un linge propre sur la choucroute, à mettre le couvercle et à charger avec de lourdes pierres. Dans le cas où l'eau de végétation des choux ne suffirait point à inonder complétement le couvercle, tu verserais en-dessus de l'eau ordinaire, uniquement pour empêcher le passage de l'air.

Au bout de trois semaines, tu pourras commencer la consommation de la choucroute. Pour cela, tu auras soin d'abord d'enlever les poids, puis l'eau de dessus le couvercle de la tonne avec une éponge et jusqu'à la dernière goutte, Cela fait, tu ôteras le couvercle, et ensuite les feuilles de chou ou de linge, et enfin le première couche brune de la choucroute que tu donneras aux cochons. Ta provision faite, tu recouvriras d'un linge propre, tu remettras le couvercle et les poids, et verseras de l'eau fraîche par-dessus. Tous les mois au plus, alors même que tu n'aurais pas de choucroute à prendre pour les besoins du ménage, tu feras bien de changer linge et eau. La choucroute, ainsi traitée, se conserve très-bien un an et plus.

C'est encore en chassant l'air ou plutôt en l'empêchant de passer que tu conserveras les œufs, surtout ceux de l'arrière-saison. A cet effet, tu les recouvriras d'eau de chaux ou tu feras prendre le blanc à l'intérieur de la coquille, en les passant rapidement à l'eau bouillante, ou bien tu les recouvriras tout simplement de son ou de cendres, ou de charbon pilé ou de balles d'avoine.

C'est encore et toujours en les soustrayant à l'air que tu pourras conserver, pendant l'hiver, des feuilles d'oseille et de pourpier. Pour cela, tu commenceras à éplucher, laver et ressuyer les feuilles en question : puis, tu mettras le chaudron sur le feu avec un gros morceau de beurre, et, en dessus, les herbes que tu saleras convenablement. Tu laisseras cuire à petit feu jusqu'à ce qu'il ne se forme plus de vapeurs d'eau ; tu retireras les herbes ensuite, et, dès qu'elles seront refroidies, tu les presseras dans les pots, au-dessus desquels tu couleras un peu de beurre fondu et tu tiendras la conserve au sec.

C'est enfin en empêchant l'air de pénétrer dans les vases que l'on réussit à conserver durant l'hiver des haricots verts coupés en fines lanières ou des haricots blancs tendres. On commence par les blanchir à l'eau bouillante, puis on les égoutte. Après cela, on les dispose lit par lit dans des pots vernissés en dehors, on saupoudre de sel chacun des lits, et en dernier lieu on recouvre le tout d'une couche de beurre ou de graisse fondue.

C'est en chassant l'eau que tu conserveras les champignons comestibles, si communs parfois dans nos campagnes. Tu prendras les plus jeunes, les moins ouverts ; tu les pèleras, les enfileras en chapelets et les pendras sous le manteau ou sur les côtés de la cheminée. Au bout de quelques semaines, ils seront entièrement desséchés et rien ne t'empêchera de les conserver en lieu sec et dans des caisses fermées.

De même, en enlevant l'eau de végétation aux prunes, pommes, poires, pêches et cerises, en les mettant au four ou au soleil des pays chauds, sur des claies, on obtient des fruits secs, plus ou moins recherchés et plus ou moins utiles dans les ménages.

On peut encore, par le même procédé, conserver long-temps le beurre pour les besoins de la cuisine. Ainsi, en le fondant pour enlever l'eau sous forme de vapeurs, et le versant dans un vase, aussitôt fondu, l'eau s'en va en grande partie : le fromage qui reste descend au fond du vase, et le beurre se maintient en bon état des semaines durant. Veut-on qu'il se maintienne des mois et pour ainsi dire des an-nées, on fait fondre le beurre dans une marmite en fonte, on l'écume jusqu'à ce qu'il ne contienne plus de substances étrangères et que le liquide devienne très-transparent. Après cela, on le verse dans des pots en terre ou en grès, et l'on s'en sert pour la cuisine seulement.

Au moyen du vinaigre, tu conserveras à volonté pour condiments de petits concombres ou cornichons, du chou rouge coupé menu, des petits pois, des haricots verts, de petits ognons blancs, de jeunes carottes, des graines de capucine, du maïs en lait, des boutons de gênet, etc.

Au moyen du sel, tu conserveras le beurre, toutes sortes de viandes et de volailles, telles que l'oie et le canard. Il est bon, à présent, que tu saches pratiquer diverses salai-sons : or, écoute bien ceci :

Pour toi comme pour toutes nos ménagères, la salaison de la viande de porc me paraît d'une importance capitale. Il ne faut point saler cette viande à l'aventure, au risque d'employer trop de sel ou d'en employer trop peu, car le trop altère sensiblement la qualité, tandis que le trop peu compromet la conserve et l'expose à la pourriture. Règle générale, plus la viande du porc doit rester longtemps au saloir, plus la quantité de sel doit être considérable. Dans certaines localités, on n'emploie en sel que le quinzième du poids de la viande à conserver : c'est trop peu ; nous croyons qu'il convient d'élever la dose au huitième et même au sixième du poids. Ce chiffre établi, voyons comment on procède. — On prend un saloir dont la contenance doit être d'un hectolitre par cent cinquante kilos : on étend un lit de gros sel blanc au fond de ce saloir, puis, après que l'on a frotté énergiquement tous les morceaux de la bête avec la main pleine de sel, on commence par mettre les quartiers de lard gras au fond du saloir, et de manière à les serrer si bien qu'il reste très-peu de vide. On recouvre de sel ; puis, sur ce premier lit on en place un second, toujours de lard gras, que l'on presse de son mieux. On sale encore par-dessus, et ainsi de suite. Après le lard gras viennent les jambons et les morceaux maigres de la tête. On les presse comme précédemment, et l'on recouvre de sel. Comme il est d'usage de manger la tête et les pieds frais, on les met rarement au saloir ; cependant, dans le cas contraire, on les placerait au-dessus.

Le maigre du porc se trouve convenablement salé au bout d'un mois ou six semaines. Dans le cas donc où l'on ne voudrait pas le retirer de suite, il conviendrait de le faire dessaler avant de s'en servir.

Lorsque les chaleurs de l'été deviennent fortes, il est à craindre que la décomposition de certaines parties de la conserve ne gâtent la saumure, et il devient prudent de retirer le lard du saloir et de le pendre par quartiers dans un lieu sec, c'est-à-dire le plus ordinairement aux poutres de la cuisine.

Les personnes qui tiennent à donner au lard une couleur rosée appétissante, ont soin d'ajouter au sel une petite quantité de salpêtre.

On peut saler les viandes de boucherie tout aussi bien que le porc. Ainsi, dans les contrées du Nord, on sale beaucoup de bœuf en hiver. On prend à cet effet des bêtes de cinq ou six ans, élevées dans les pâturages et à chair ferme par conséquent; on les abat, on les saigne le mieux possible; on enlève la tête, on ne les souffle pas, on dépèce et l'on frotte chaque morceau avec un mélange de sel et de salpêtre. Les frictions doivent être vigoureuses, car le bœuf prend assez difficilement le sel, et il n'en faut pas moins de 20 kilos pour 100 kilos de viande. On tasse les morceaux dans des caisses ou des futailles avec le plus grand soin, puis on arrose le tout avec de forte saumure, avant de charger d'un couvercle que l'on enduit parfois de goudron ou de plâtre. Ce mode de salaison, je t'en préviens, ne s'applique qu'à la viande destinée à de longs voyages. Pour les besoins du ménage, il y a moins de précautions à prendre, et il suffit souvent de 10 ou 12 kilos de sel pour 100 kilos de viande.

On sale le mouton tout aussi bien et de la même manière que le bœuf; seulement, dans ce cas particulier, on n'ajoute pas de salpêtre au sel.

Quant aux oies et aux canards dont on veut saler les ailes et les cuisses, on commence par les vider et les flamber, puis on les fait cuire à la broche sans les arroser, et l'on recueille la graisse au fur et à mesure qu'elle tombe. Au bout d'une heure, on retire ces volailles du feu, on en détache les parties à conserver et on les dispose lit par lit dans des pots de grès, en ayant soin du soupoudrer chaque lit de poivre et de sel, et d'y mettre une feuille de laurier. Lorsque les pots sont remplis et les morceaux de volailles bien pressés, on fait fondre la graisse, à laquelle on ajoute moitié de saindoux, et on la laisse bouillir un peu moins d'un quart d'heure, et l'on verse cette graisse fondue dans tous les pots jusqu'à ce qu'elle arrive à deux centimètres et demi au-dessus du dernier lit. On bouche alors avec du parchemin et l'on conserve en lieu froid et sec. Tel est le procédé de madame Adanson.

La fumaison des viandes est en quelque sorte le complément de la salaison. Dans les contrées où il est d'usage de fumer la chair du porc, du bœuf et du mouton, il n'est pas nécessaire de saler fort. Ainsi, pour le porc, le quinzième ou le quatorzième du poids de la bête en sel suffit, et l'on peut retirer les morceaux du saloir au bout de trois semaines pour les pendre à la cheminée. La fumure assurera la conservation et donnera un goût particulier à la viande. Rien n'est aussi facile que de fumer les jambons. On les accroche simplement à une certaine hauteur dans la cheminée, après qu'ils ont été retirés du saloir et qu'on leur a laissé le temps de se ressuyer. Quelquefois on les enveloppe de papier, afin d'empêcher une trop forte couche de suie de se déposer sur la peau, mais le plus grand nombre des ménagères ne prennent pas cette attention et ne réussissent pas moins. Au bout de quinze jours, on peut descendre les jambons, les accrocher plus bas dans la cheminée et les rapprocher ainsi du foyer. Après six semaines ou deux mois de fumaison, les jambons sont bons à consommer.

Il n'y a que les spéculateurs opérant sur une grande échelle, qui ont des fumoirs spéciaux pour les jambons ; les ménagères n'ont que leurs cheminées et s'en rapportent à la fumée de la cuisine. On assure que les bois de genêt et de genévrier donnent une saveur particulièrement agréable à la viande de porc ; à défaut de ces essences, on se contente de la fumée de hêtre ou de chêne, selon les localités.

FIN.

G. MASSON, ÉDITEUR